CONSUMIDOR SUPERENDIVIDADO: VISÃO SOCIOLÓGICA, JURÍDICA E INSTRUMENTOS DE PROTEÇÃO

MICHELE SILVEIRA MENDONÇA

CONSUMIDOR SUPERENDIVIDADO: VISÃO SOCIOLÓGICA, JURÍDICA E INSTRUMENTOS DE PROTEÇÃO

RIO DE JANEIRO

EDIÇÃO DO AUTOR

2019

1ª edição - 2019

© *Copyright*

Michele Silveira Mendonça

Mendonça, Michele Silveira

Consumidor Superendividado: visão sociológica, jurídica e instrumentos de proteção./ Michele Silveira Mendonça. – Rio de Janeiro, 2019.

172f.; 24cm.

ISBN 978-65-900891-0-6

1. Direito do Consumidor. 2. Superendividamento. 3. Aspectos sociológicos. 4. Aspectos jurídicos. 5. Instrumentos de proteção. I. Título.

CDD 340

Contato: michelemadv@gmail.com

www.youtube.com/michelesilveiramendonça

AGRADECIMENTOS

A Deus, pois sem Ele nada é possível. Aos familiares e amigos, a quem estive por muitos momentos privada da convivência e, ainda assim, me ofereceram seu incondicional apoio. A todos aqueles que foram meus professores, pela compreensão e pelos valiosos ensinamentos.

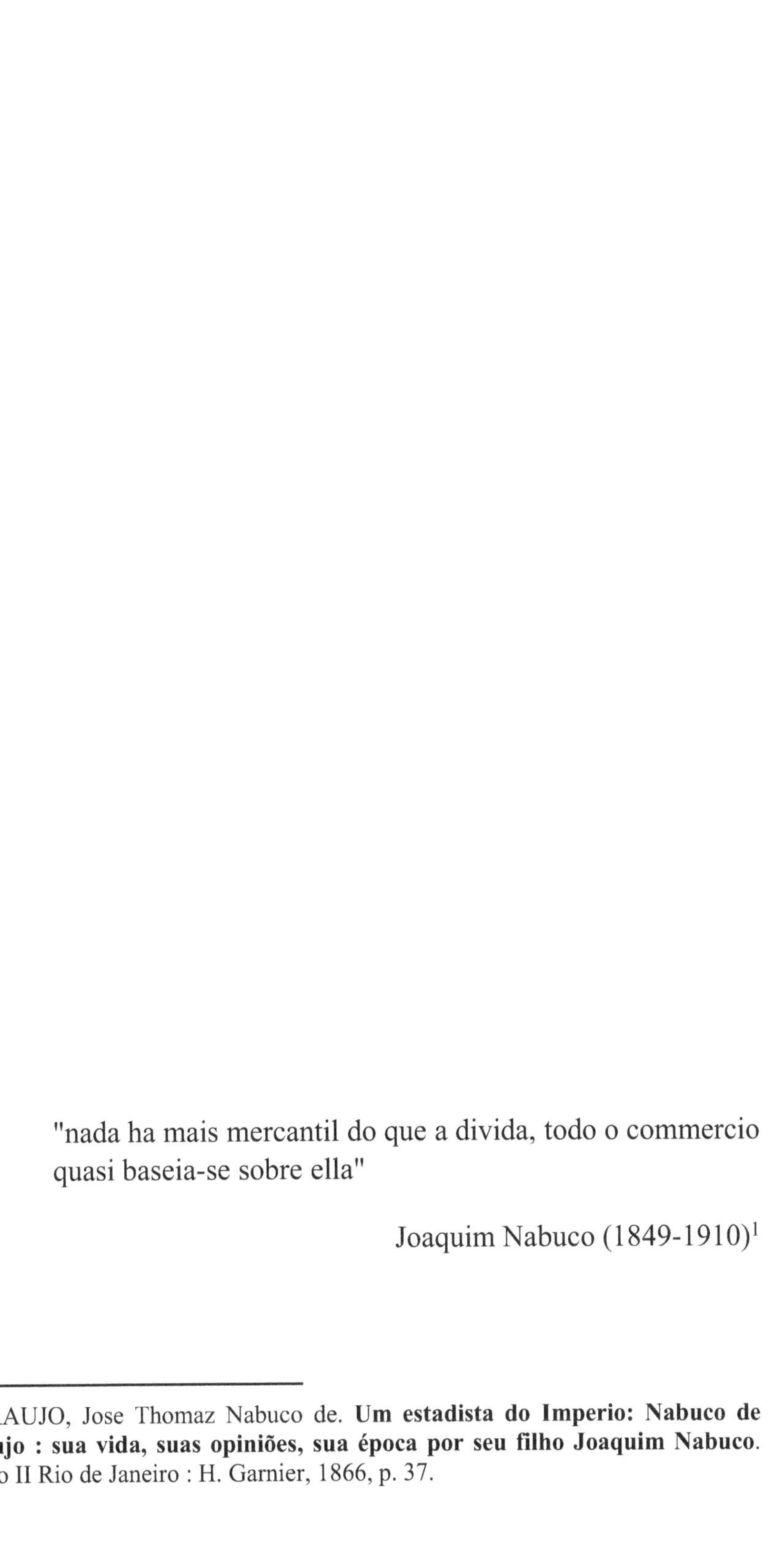

"nada ha mais mercantil do que a divida, todo o commercio quasi baseia-se sobre ella"

Joaquim Nabuco (1849-1910)[1]

---

[1] ARAUJO, Jose Thomaz Nabuco de. **Um estadista do Imperio: Nabuco de Araujo : sua vida, suas opiniões, sua época por seu filho Joaquim Nabuco**. Tomo II Rio de Janeiro : H. Garnier, 1866, p. 37.

SUMÁRIO

PREFÁCIO..9

Introdução...11

1.SUPERENDIVIDAMENTO COMO FENÔMENO SOCIOLÓGICO...19

1.1 Conceitos preliminares...19

1.2 O fenômeno sociológico do superendividamento.....................30

1.3 Situação atual do superendividamento no Brasil.....................48

2. ASPECTOS CONSTITUCIONAIS E LEGAIS NO BRASIL ...57

2.1 Dignidade e violação aos direitos fundamentais do consumidor
....57

2.2 Práticas abusivas e violação ao CDC 69

3. A DEFESA DO CONSUMIDOR SUPERENDIVIDADO.........91

3.1 Antecedentes históricos na regulamentação do devedor insolvente..91

3.2 A insolvência civil e o PL 283 de 2012..............................99

3.3 Instrumentos jurídicos para a composição do superendividamento..115

3.4 Soluções implementadas por outros países 129

Conclusão 155

Referências bibliográficas 165

PREFÁCIO

Milhares de consumidores brasileiros encontram-se em uma espiral crescente de endividamento, problema que, ao superendividado, parece sem solução. Em termos sociológicos, quais fatores levam o consumidor ao superendividamento? Como a questão é resolvida em países como Estados Unidos e França? Quais os instrumentos que podem ser utilizados no Brasil para a proteção do consumidor superendividado? O presente livro traz uma análise objetiva e fundamentada sobre essas questões, analisando a situação social e jurídica do consumidor superendividado, assim como os instrumentos de proteção. Com vistas a averiguar a extensão do problema, fez-se necessária uma pesquisa doutrinária e legislativa, com a análise de algumas questões sociais que tentam elucidar possíveis causas do superendividamento, o que incluiu a análise de dados coletados acerca do fenômeno. Além disso, foi feita uma abordagem do direito comparado, como elementos de pesquisa, considerando as controvérsias que permeiam o tema. Os dados obtidos permitiram identificar que de fato há uma lacuna no ordenamento jurídico brasileiro quanto à proteção específica do consumidor superendividado. Ainda assim, foi possível verificar que, mesmo sem proteção legislativa específica, algumas soluções, com viés conciliatório, têm sido implementadas por alguns órgãos. Tais soluções denotam ter com forte influência da exitosa experiência estrangeira sobre o tema.

Introdução

Consumir na atualidade é muito mais que um simples ato adquirir bens e serviços. Consumir se tornou uma forma de pertencimento à sociedade e de realização pessoal, além de movimentar a economia de forma positiva. Há, no entanto, um aumento significativo do número de consumidores que se endividam de tal forma que acabam não conseguindo adimplir os débitos, se tornando consumidores superendividados.

O superendividamento consiste na impossibilidade global de o consumidor devedor, pessoa natural, leigo e de boa-fé, pagar todas as suas dívidas atuais e futuras de consumo. No entanto, o superendividamento é um fenômeno complexo e que não pode ser entendido de forma simplista, como resultado exclusivo de descontrole do consumidor em gerir suas contas.

Para um estudo mais cuidadoso do superendividamento, é necessária uma análise do ponto de vista sociológico do incentivo ao consumo através do fomento ao fornecimento de crédito como forma de absorver o aumento da produção e manter o crescimento econômico. Além disso, é necessário um olhar crítico sobre a atual situação do endividamento no país e a legislação aplicável ao caso.

O superendividamento, como fenômeno sociológico, tem se mostrado presente em diversos países e de forma reiterada no tempo e no Brasil não tem sido diferente. No entanto, em que pese as normas de proteção previstas no Código de Defesa do Consumidor, o superendividamento não possui regulamentação específica no ordenamento jurídico brasileiro. Com isso, diversas questões podem ser levantadas sobre o tema como, por exemplo, o que leva aos consumidores ao superendividamento e como o superendividado é tratado no Brasil e em outros países.

De fato, a regulamentação atual no Brasil não está se mostrando efetiva na prevenção e tratamento do fenômeno do superendividamento, o que demonstra a importância da análise do tema sob uma abordagem protetiva. Com isso, o enfoque da análise é através de uma visão não só jurídica, mas também sociológica do superendividamento, pontuando as possíveis causas e soluções para tal fenômeno.

Com base na análise de pesquisas sobre o tema, cotejados com a análise dos instrumentos legais no Brasil e em países como a França e os Estados Unidos da América, sempre com o apoio na referência bibliográfica sobre o assunto, busca-se traçar um panorama sobre o superendividamento, no que tange aos instrumentos de proteção possíveis.

No primeiro capítulo serão elucidados os conceitos básicos para o melhor entendimento do tema. Além disso, serão abordadas as mudanças sociais influenciadas pelo desenvolvimento econômico das sociedades capitalistas pós-revolução industrial, em especial no aumento do consumo e também do endividamento. Na aludida mudança social, o consumo passou a ser peça-chave na integração social e na sensação de satisfação pessoal. O consumo torna-se um fim em si mesmo, mas que nunca poderá ser plenamente satisfeito pois deverá sempre haver algo novo a ser adquirido.

O tema se mostra de extrema relevância dada a situação de endividamento dos consumidores brasileiros, que ainda não contam com uma lei específica para o tratamento do superendividamento. Para tanto, sempre com a adoção de um viés protetivo ao consumidor superendividado, é necessário o estudo e aprofundamento do tema, que se deu com a pesquisa legal e doutrinária. Com esta metodologia, foi possível cotejar a legislação nacional, estrangeira e o projeto de lei em trâmite, além da menção às iniciativas que vêm sendo implementadas por algumas entidades na defesa do consumidor superendividado.

Ainda no primeiro capítulo será abordado o panorama do superendividamento no Brasil, através das pesquisas sobre endividamento. Tais pesquisas apontam um considerável número de famílias que admitem que não conseguirão quitar seus débitos. Além disso, os dados demonstram que os endividados chegam a comprometer mais de 50% de sua renda apenas para o pagamento de dívidas. As pesquisas revelam também que a maioria absoluta dos débitos são oriundos do uso do cartão de crédito.

A análise de tais dados leva ao questionamento se tais dívidas seriam oriundas do consumo, cujas mudanças sociais apontam para a insatisfação permanente do consumidor em seu desejo de consumir bens e serviços. Como é cediço, para consumir é necessário ter renda disponível, mas a capacidade financeira do consumidor não cresce na mesma proporção de suas necessidades de consumo. Neste sentido, observar a discrepância entre o crescimento das operações de crédito e crescimento da renda real dos consumidores pode denotar que o uso do crédito como complemento de renda pode ser considerado como um fator que conduz ao superendividamento.

Diante de um cenário de crescente endividamento acompanhado da impossibilidade de adimplemento pelos consumidores, é necessário buscar uma solução que atenda a esta demanda. O consumidor, hipossuficiente e vulnerável, muita das vezes não consegue sair do superendividamento sozinho, necessitando de proteção. No entanto, a regulamentação vigente no Brasil hoje tem se mostrado insuficiente para o tratamento do superendividamento com a proteção do indivíduo e sua dignidade, conforme será apontado no capítulo dois.

No segundo capítulo serão abordadas as questões constitucionais e legais sobre o superendividamento, tendo em vista que de fato as fornecedoras de crédito adotam práticas abusivas e violadoras dos direitos dos consumidores brasileiros. Como exemplo disso cite-se que o consumidor não é alertado das informações básicas como a taxa de juros e o montante do débito, embora o direito à informação e à proteção contra a publicidade enganosa estejam expressos no art. 6 º, III e IV do Código de Defesa do Consumidor. Além disso, há uma concessão de crédito de forma irrestrita e irresponsável.

Sem expor as reais condições da contratação, em especial o montante de juros, muitas fornecedoras de crédito oferecem "crédito rápido", "crédito fácil" e "crédito para negativados". Verifica-se uma oferta de crédito em que não se avalia a possibilidade de adimplemento do consumidor e ele não é informado dos juros que estão sendo praticados.

Diante das abusividades, as ações judiciais que geralmente são propostas limitam-se a discutir juros e cláusulas contratuais. Tais ações, no entanto, não resolvem o problema do consumidor superendividado, não havendo hoje no Brasil uma lei específica para a regulamentação da questão.

As formas de proteção do consumidor superendividado serão objeto do terceiro capítulo. Após breve introdução sobre os antecedentes históricos da regulamentação da questão, será abordado o procedimento da insolvência civil, ainda em vigor no ordenamento jurídico brasileiro, e o PL 283 de 2012 que visa regulamentar a questão do superendividamento de forma específica.

Cabe salientar que a insolvência civil é pouco utilizada já que prevê o vencimento antecipado de todas as dívidas do devedor, a arrecadação de todos os seus bens que sejam suscetíveis de penhora e, se realiza o concurso universal dos seus credores. Na insolvência civil, o devedor ainda fica impedido de administrar os seus bens até a liquidação total das suas dívidas e somente consideram-se extintas todas as obrigações do devedor depois de decorrido o prazo de 5 anos, contados da data do encerramento do processo de insolvência, momento em que o devedor é reabilitado.

O tratamento do superendividamento de forma específica está previsto no Projeto de Lei nº 283 de 2012 que visa alterar o Código de Defesa do Consumidor. O projeto de lei se preocupa em fortalecer os princípios da boa-fé, da função social do crédito ao consumidor e do respeito à dignidade da pessoa humana. Além disso, inova ao prever o processo de repactuação de dívidas, com proposta de plano de pagamento com prazo máximo de cinco anos, e de forma que os pagamentos preservem seu mínimo existencial.

Enquanto o projeto não entra em vigor, tem se buscado implementar soluções assemelhadas ao previsto no PL 283 de 2012, que também serão abordadas no capítulo 3. Nos estados do Rio Grande do Sul, São Paulo, Pernambuco, Rio de Janeiro e no Distrito Federal existem projetos para tratamento do consumidor superendividado. Eles são instaurados a partir da iniciativa voluntária do consumidor, que recebe educação financeira antes da conciliação com os credores. A renegociação possibilita a readequação dos contratos à situação do superendividado, incluindo o parcelamento das dívidas, concessão de moratória com alteração no vencimento da obrigação, redução dos encargos ou, perdão parcial ou total da dívida.

Tais medidas de tratamento do consumidor superendividado foram inspiradas nos procedimentos adotados em outros países, em especial França e Estados Unidos, conforme será elucidado no terceiro capítulo. Na experiência estrangeira, o tratamento do superendividamento se dá através de dois modelos principais: plano de pagamento e a política do *fresh start*, respectivamente. Inicialmente havia uma separação nítida entre os modelos, mas a experiência demonstrou a necessidade de aproximação dos modelos. Hoje os procedimentos adotados em ambos os países adotam, em intensidades diferentes, as duas políticas.

O superendividamento é fenômeno complexo tanto em sua origem quanto em sua solução. Não há como atribui-lo ao mero descontrole do consumidor que o levou a se endividar. Deve-se ter em mente que há uma necessidade social e econômica no consumo, associada ao fomento do crédito e endividamento através de condutas nem sempre leais das fornecedoras de crédito. Assim, a perspectiva protetiva é que norteia esta obra, buscando contribuir para o aprofundamento do tema.

1. SUPERENDIVIDAMENTO COMO FENÔMENO SOCIOLÓGICO

1.1 Conceitos preliminares

Em um cenário social em que a economia é baseada no consumo, os indivíduos são incentivados, de forma crescente, a adquirir bens. No entanto, sem o aumento da renda, o crescimento do consumo tem que se valer da concessão de crédito, de forma a se manter a massificação do mesmo, como é observado não só no Brasil, mas em diversos países.

Neste sentido, com a massificação do consumo e do acesso ao crédito, as famílias vêm, cada vez mais, assumindo obrigações que não possuirão condições de adimplir. Essa falta de condição real de solver os débitos é uma das formas de manifestação do superendividamento. Ou seja, uma situação em que uma pessoa natural tem toda ou grande parcela de suas receitas já comprometidas e alocadas para pagamentos de compromissos retroativos.

Para Marques, o superendividamento pode ser entendido como: "impossibilidade global de o devedor pessoa física, consumidor, leigo e de boa-fé, pagar todas as suas dívidas atuais e futuras de consumo (excluídas as dívidas com o Fisco, oriundas de delitos e de alimentos)"[2]. Ou seja, é uma impossibilidade manifesta pelo devedor de boa-fé de fazer face ao conjunto de suas dívidas, exigíveis e não pagas.

Em relação a tal conceito, cabe ressaltar que o direito francês, que regula o superendividamento desde o final da década de 80, têm influenciado de forma expressiva a doutrina brasileira. Tanto é assim que o conceito supramencionado foi inspirado na definição utilizado pela lei francesa para caracterizar o superendividamento. O *Code de la consommation*, em seu artigo L 330-1, revogado em 01 de junho de 2016, preceituava que "o superendividamento dos indivíduos é caracterizada pela incapacidade manifesta de o devedor de boa-fé para satisfazer todas as suas dívidas não profissionais devidas e exigíveis"[3] Hoje, a legislação francesa conceitua o superendividamento no art. 711-1 do mesmo diploma: "O benefício de medidas de tratamento do superendividamento é aberto a pessoas de boa fé. A situação da dívida é caracterizada pela impossibilidade manifesta de lidar com todas as suas dívidas não profissionais devidas e exigíveis. O

---

[2] MARQUES, Cláudia Lima; CAVALLAZZI, Rosângela Lunardelli. **Direitos do Consumidor Endividado**: Superendividamento e Crédito. São Paulo: Editora Revista dos Tribunais, 2006. P. 256

[3] Em tradução livre de "La situation de surendettement des personnes physiques est caractérisée par l'impossibilité manifeste pour le débiteur de bonne foi de faire face à l'ensemble de ses dettes non professionnelles exigibles et à échoir. (...)" FRANÇA. Code de la consommation. [on line]. Disponível na internet via WWW. URL:<https://www.legifrance.gouv.fr/affichCode.do;jsessionid=F936C2EC7CB9F56EDE61B4A8DE295303.tpdila11v_1?idSectionTA=LEGISCTA000006133629&cidTexte=LEGITEXT000006069565&dateTexte=20160413> Acesso em 29/05/2019.

simples fato de possuir a sua residência principal, com um valor estimado na data de apresentação do pedido de superendividamento, igual ou maior do que o montante de todas as dívidas não profissionais vencidas e vincendas, não impede a caracterização de superendividamento. A incapacidade de fazer face a um compromisso de garantia ou dívida solidária de um empresário individual ou de uma empresa também caracteriza superendividamento."[4]

Os conceitos apresentados são precisos em apresentar os requisitos para se caracterizar o superendividamento, dos quais se destacam a necessidade de ser consumidor pessoa natural e estar de boa-fé. No Brasil, as pessoas jurídicas estão excluídas deste conceito posto que, em regra, podem se utilizar da Lei 11.101/05, que regula a recuperação judicial, a extrajudicial e a falência do empresário e da sociedade empresária.

---

[4] Em tradução livre de "Le bénéfice des mesures de traitement des situations de surendettement est ouvert aux personnes physiques de bonne foi. La situation de surendettement est caractérisée par l'impossibilité manifeste de faire face à l'ensemble de ses dettes non professionnelles exigibles et à échoir. Le seul fait d'être propriétaire de sa résidence principale dont la valeur estimée à la date du dépôt du dossier de surendettement est égale ou supérieure au montant de l'ensemble des dettes non-professionnelles exigibles et à échoir ne fait pas obstacle à la caractérisation de la situation de surendettement.L'impossibilité de faire face à un engagement de cautionner ou d'acquitter solidairement la dette d'un entrepreneur individuel ou d'une société caractérise également une situation de surendettement." FRANÇA. Code de la consommation. [on line]. Disponível na internet via WWW. URL:< https://www.legifrance.gouv.fr/affichCodeArticle.do;jsessionid=BC55A240A49F C79D71F39AEDB378FAB6.tpdila11v_1?idArticle=LEGIARTI000032224607& cidTexte=LEGITEXT000006069565&dateTexte=20170221> Acesso em 29/05/2019.

No entanto, o consumidor, pessoa natural, não pode se valer da mesma, diferentemente do que ocorre, por exemplo, em Portugal, em que o DL n.º 53/2004[5], denominado Código da Insolvência e Recuperação de Empresas – CIRE – regulamenta tanto a situação de inadimplência das pessoas jurídicas como também das pessoas naturais em seu art. 235 e seguintes.

A boa-fé é outro requisito essencial a ser avaliado. O consumidor não pode assumir dívidas deliberadamente e sem a intenção de pagar simplesmente porque foi posto crédito à sua disposição. Atuando desta forma, o indivíduo se distancia do conceito de boa-fé que permeia todo o ordenamento jurídico brasileiro, em especial no art. 422 do Código Civil e art. 4º, III do CDC.

Ademais, a falta de liquidez deve ser a longo prazo. Se a situação é momentânea, mas com possibilidade de quitação dos débitos, não há superendividamento. Conforme elucida Porto e Sampaio "é elemento relevante a essa caracterização a expectativa de que o indivíduo não será capaz de cumprir suas obrigações em um futuro razoável."[6]

---

[5] PORTUGAL. DL n.º 53/2004, de 18 de Março de 2004. Código da Insolvência e da Recuperação de Empresas. [on line]. Disponível na internet via WWW. URL: <http://www.pgdlisboa.pt/leis/lei_mostra_articulado.php?nid=85&tabela=leis&so _miolo=> Acesso em 29/05/2019

[6] PORTO, Antonio José Maristrello. SAMPAIO, Patrícia Regina Pinheiro. Uma visão regulatória da prevenção e tratamento do superendividamento no Brasil. In: PORTO, Antonio José Maristrello. CAVALLI, Cássio. LUKIC, Melina de Souza Rocha; SAMPAIO, Patrícia Regina Pinheiro. (Org). **Superendividamento no Brasil**. Curitiba: Juruá, 2015. p. 142.

Neste sentido, cabe ressaltar que a análise deve considerar as dívidas vencidas e a vencer. Costa esclarece que, no direito francês, "mesmo antes de atrasar o pagamento de qualquer prestação, o superendividado pode demandar os benefícios do procedimento"[7], conforme previsto na lei francesa para o tratamento do superendividamento.

Em relação à natureza das dívidas, o conceito doutrinário de Marques, supracitado, informa que os débitos devem ser de consumo, excluídas as dívidas de natureza alimentar, fiscal e multas penais reparatórias. No entanto, Porto e Butelli alertam que "há autores que, em razão do endividamento massivo da população brasileira, afirmam necessidade de expansão deste mesmo conceito, a fim de incluir os consumidores que não adquiriram crédito, mas atingiram a mesma condição por outros caminhos."[8]

O fato gerador do superendividamento pode ter razões diversas como: perda de emprego, doenças, separações entre casais, aplicações malsucedidas ou mesmo, simplesmente, descontrole das contas do tomador, prejudicando o adimplemento de despesas rotineiras. Cabe ressaltar ainda que há transtorno psiquiátrico,

---

[7] COSTA, Geraldo de Faria Martins da. **Superendividamento:** a proteção do consumidor de crédito em direito comparado brasileiro e francês. São Paulo: Editora Revista dos Tribunais, 2002. p. 120.

[8] PORTO, Antonio José Maristrello. BUTELLI, Pedro Henrique. O superendividado brasileiro: uma análise introdutória e uma nova base de dados. In: PORTO, Antonio José Maristrello. CAVALLI, Cássio. LUKIC, Melina de Souza Rocha; SAMPAIO, Patrícia Regina Pinheiro. (Org). **Superendividamento no Brasil**. Curitiba: Juruá, 2015. P. 27.

denominado oniomania, que causa compulsão por compras, podendo levar ao superendividamento de parcela da população.

A doutrina[9] classifica o superendividamento em ativo e passivo. Entende-se por superendividamento ativo a situação de endividamento crítico, gerada por falta de experiência ou mesmo capacidade da pessoa endividada em fazer a gestão de suas contas, caracterizando-se por um consumo descontrolado. O superendividamento ativo é fomentado em parte pelo marketing agressivo das instituições bancárias e financeiras fornecedoras de crédito, assim como das empresas fornecedoras de bens e serviços.

No superendividamento ativo o consumidor assume obrigações de forma voluntariaria, mas que não conseguirá adimplir. Deste modo, poderia ser suscitada dúvida acerca da boa-fé deste consumidor. Em relação a tal questionamento, Costa esclarece que a apreciação da boa ou má-fé do consumidor superendividado deve ser feita casuisticamente. Este autor relata que, na experiência francesa, "foram considerados de boa-fé os consumidores superendividado que, aprisionados por uma espiral de endividamentos, agravam sua situação para pagar dívidas antigas. Todavia, foram declarados de má-fé aqueles que, deliberadamente, tomaram vários empréstimos que representavam uma carga nitidamente superior à totalidade de seus recursos ou aqueles que, já

---

[9] MARQUES, Claudia Lima; LIMA, Clarissa Costa; BERTONCELLO, Káren. **Prevenção e tratamento do superendividamento.** Brasília: DPDC/SDE, 2010. P. 21-22

em estado de insolvência notória, tomaram empréstimos para efetuar novas despesas."[10]

Há ainda a divisão pela doutrina dos superendividados ativos conscientes e inconscientes[11]. Os superendividados ativos conscientes são aqueles que se endividam propositalmente, ou seja, aqueles que não pretendem pagar seus débitos. Em relação a estes, Schimidt Neto[12] esclarece que o superendividado consciente é aquele que de má-fé contraí dívidas, com a convicção de que não poderá honrá-las, com o objetivo de ludibriar o credor e deixar de cumprir sua prestação sabendo que o outro contratante não terá como executá-lo.

Neste caso, como esclarece o aludido autor, a intenção do devedor, desde o momento da contratação, era de não pagar, agindo com reserva mental. Esse superendividado não irá receber o apoio estatal para recuperar-se, já que se pode dizer que nem mesmo se enquadraria no conceito, pois ausente o requisito da boa-fé.

No ordenamento jurídico brasileiro, a Constituição Federal de 1988 estabelece, em seu art. 3º, I, que é objetivo da República a

---

[10] COSTA, Geraldo de Faria Martins da. **Superendividamento**: a proteção do consumidor de crédito em direito comparado brasileiro e francês. São Paulo: Editora Revista dos Tribunais, 2002. P 118.

[11] PORTO, Antonio José Maristrello. BUTELLI, Pedro Henrique. O superendividado brasileiro: uma análise introdutória e uma nova base de dados. In: PORTO, Antonio José Maristrello. CAVALLI, Cássio. LUKIC, Melina de Souza Rocha; SAMPAIO, Patrícia Regina Pinheiro. (Org). **Superendividamento no Brasil**. Curitiba: Juruá, 2015. P. 28-29.

[12] SCHIMIDT NETO, André Perin. Superendividamento do consumidor: conceito, pressupostos e classificação. **Revista da SJRJ**, nº 26 p.167-184. Rio de Janeiro, 2009.P.174

construção de uma sociedade livre, justa e solidária. Neste contexto, a boa-fé mostra-se imprescindível na direção as relações jurídicas, estando prevista como princípio orientador tanto no Código de Defesa do Consumidor, em seu artigo 4º, III, quanto no Código Civil, em seu artigo 422. Deste modo, a ausência de boa-fé do consumidor superendividado ativo consciente deve ser valorada de modo a se coibir comportamentos abusivos.

Já os superendividados ativos inconscientes são aqueles que compram por impulso, sem perceber que não terão meios para adimplir os débitos assumidos. Evidentemente, o consumidor superendividado ativo consciente se afasta do conceito de boa-fé, diferentemente do inconsciente, que não se atenta para a dimensão do débito que está assumindo. No entanto, pode ser difícil a identificação no caso concreto em qual categoria se enquadra o consumidor em razão da necessidade de análise da existência, ou não, da boa-fé.

O superendividamento passivo não ocorre por questões ligadas à vontade da pessoa natural, mas sim a acontecimentos e casos fortuitos alheios ao seu controle. São episódios em que o consumidor não esperava que determinada situação poderia ocorrer e por isso seu planejamento financeiro não é capaz de atender a essa nova demanda. Apenas como forma de ilustração, é possível citar: desemprego, problemas de saúde, mortes, acidentes, nascimento de filhos, entre diversos outros acontecimentos.

Em ambos os casos, há a impossibilidade de adimplemento pelo consumidor, caracterizando o superendividamento. Este é um problema que perdura na sociedade brasileira independentemente do atual cenário de crise econômica, que, certamente o agravará. E neste sentido é importante tentar diagnosticar as principais causas do superendividamento do consumidor para que as soluções legislativas, judiciais e extrajudiciais melhor se adequem tanto na prevenção do problema, quanto em sua solução e em se evitar que o consumidor reitere em tal conduta.

Porto e Sampaio[13], em atenção aos conceitos utilizados na Europa, ressaltam que o relatório da União Europeia *Towards a common operational European definition of overindebtedness* qualifica uma família como superendividada se os seus membros possuem dificuldade de pagar ou estão atrasando o pagamento suas obrigações domésticas, sejam elas financiamentos com ou sem garantia, ou o pagamento de aluguel, contas de serviços públicos ou outras contas da vida familiar.

Neste sentido, exemplificam que na Alemanha, uma família é considerada superendividada se a sua renda, em um período extenso, não é suficiente para pagar tempestivamente suas dívidas (após ter deduzido as despesas com subsistência), mesmo depois de uma redução no padrão de vida da família. Assim também ocorre na

---

[13] PORTO, Antônio José Maristrello. SAMPAIO, Patrícia Regina Pinheiro. Uma visão regulatória da prevenção e tratamento do superendividamento no Brasil. In: PORTO, Antonio José Maristrello. CAVALLI, Cássio. LUKIC, Melina de Souza Rocha; SAMPAIO, Patrícia Regina Pinheiro. (Org). **Superendividamento no Brasil**. Curitiba: Juruá, 2015. P.141

Áustria, em que indivíduos ou famílias podem ser considerados superendividados se, depois de uma redução no custo atual de vida com comida, vestuário, aluguel, necessidades sociais e culturais, não forem capazes de cumprir a totalidade de suas obrigações de pagamento.

Tais conceitos são relevantes porque permitem observar que, em alguns países, se espera que o indivíduo superendividado esteja disposto incialmente a ter uma redução no seu padrão de vida, de modo a reduzir as suas despesas, o que é importante no tratamento da questão do superendividamento.

Tais autores ressaltam ainda que segundo a Comissão Europeia, o superendividamento possui as seguintes características: envolve um indivíduo, com obrigações financeiras contratadas, sem capacidade de honrar suas dívidas, a não ser através prejuízo ao seu padrão mínimo de subsistência, sendo essa uma realidade de base estrutural, e não conjuntural, ou seja, persistente no tempo. Além disso, há um cenário de iliquidez, pois o indivíduo não consegue adimplir seus débitos por meio da alienação de bens ou outras fontes de recursos.

No que concerne à metodologia de identificação dos superendividados, Lima[14] informa a existência de um estudo desenvolvido na União Europeia que permite verificar e comparar o

---

[14] LIMA, Clarissa Costa de. **O tratamento do superendividamento e o direito de recomeçar dos consumidores.** São Paulo: Editora Revista dos Tribunais, 2014. P.33-34.

superendividamento através de modelo administrativo, modelo objetivo ou modelo subjetivo. O modelo administrativo se vale dos registros oficiais de inadimplemento do Judiciário, apresentando facilidade na coleta dos indicadores. No entanto, a autora aduz que tal método não considera as situações resolvidas de forma extrajudicial.

Em relação ao modelo objetivo, também chamado de modelo quantitativo, a análise é feita em relação à situação econômica do lar em que é feito o cotejo entre as dívidas e a renda e patrimônio. Tal método acaba por não ser viável para comparação já que as rendas e patrimônios são distribuídos desigualmente entre a população.

Já o modelo subjetivo identifica o superendividamento pela percepção dos devedores quanto à sua própria capacidade de pagamento das dívidas. Tal autora informa que este método acaba apresentando índices de superendividamento mais elevados tendo em vista que as famílias acabam conseguindo adimplir os débitos por obter empréstimos com parentes e amigos ou mesmo reduzindo drasticamente o consumo.

Deste modo, pode-se verificar que há um delineamento da doutrina em relação ao conceito de superendividamento, mas não há uma metodologia clara e uniforme em relação à forma de identificação do consumidor superendividado. A identificação da situação de superendividamento acaba sendo feito de modo casuístico, avaliada a situação individual de cada devedor, sem que haja, por enquanto, uma padronização neste sentido.

1.2 O fenômeno sociológico do superendividamento

Como descrito, o superendividamento não é um problema que atinge apenas o Brasil. Diversos países enfrentam a mesma questão e tentam encontrar soluções para o mesmo. Na França, por exemplo, o superendividamento passou a ser regulamentado no final da década de 1980. Diversos outros países possuem estudos e regulamentações sobre o assunto, como por exemplo os Estados Unidos, Portugal, entre diversos outros.

Isto denota que o superendividamento é uma questão global e que ocorre de forma persistente há décadas. Assim sendo, questiona-se o que leva os consumidores, em países e momentos distintos, a assumirem um comportamento que os levam ao superendividamento.

Bauman[15], em suas obras, observa a passagem de uma sociedade de produtores para sociedade de consumidores. Com o desenvolvimento industrial e econômico, ocorreu a progressiva substituição da economia de subsistência. Tal modelo era apto a

---

[15] BAUMAN, Zygmunt. **Vida para consumo: a transformação das pessoas em mercadorias**. Tradução Carlos Alberto Medeiros. Rio de Janeiro: Jorge Zahar editora, 2008.

satisfazer as necessidades físicas do homem que eram saciáveis com os bens produzidos. No entanto, com a economia industrial, há o aumento da produção e consequente criação de necessidades de modo a fomentar o consumo e absorver a produção.

A sociedade de produtores era o principal modelo da fase sólida da modernidade enquanto na sociedade líquido moderna, o consumo se torna um pilar social, em que há um "dever" em consumir. Ou seja, a necessidade de consumir é construída socialmente sobre a necessidade de interagir e pertencer à própria sociedade. Na sociedade líquido-moderna, as pessoas consomem e se tornam mercadorias a serem consumidas de modo que ninguém pode se tornar sujeito sem antes se tornar mercadoria.

Em observação semelhante, Marx notou a existência do que denominou de fenômeno de fetichismo da mercadoria. Tal fenômeno consiste na "coisificação" do ser humano pela "personificação" das mercadorias. Em sua obra O Capital revelou que o homem passa a ser dominado pelo produto do seu trabalho. Deste modo, enquanto as coisas passam a ser personificadas, o produtor se torna coisa. "Porém, a forma mercadoria e a relação de valor dos produtos de trabalho, na qual ele se representa, não têm que ver absolutamente nada com sua natureza física e com as relações materiais que daí se originam. Não é mais nada que determinada relação social entre os próprios homens que para eles aqui assume a forma fantasmagórica de uma relação entre coisas. Por isso, para encontrar uma analogia, temos de nos deslocar à região nebulosa do mundo da religião. Aqui, os produtos do cérebro humano parecem dotados de vida própria, figuras autônomas, que mantêm relações entre si e com os homens. Assim, no mundo das mercadorias, acontece com os produtos da mão humana. Isso eu chamo o fetichismo que adere aos produtos de trabalho, tão logo são produzidos como mercadorias, e que, por isso, é inseparável da produção de mercadorias."[16]

Com o desenvolvimento industrial, Lipovestsky[17] observa o avanço da industrialização como forma de produção em massa, o que importa na disponibilização em uma quantidade cada vez maior de produtos. Segundo o autor, a sociedade de consumo de massa não pôde se desenvolver sem em uma ampla difusão do modelo tayloriano-fordista de organização da produção, que permitiu uma excepcional alta da produtividade bem como a progressão dos salários. De acordo com Lipovestsky, de 1950 a 1973, o crescimento anual da produtividade do trabalho foi de 4,7% nos doze países da Europa ocidental. Especialização, padronização, repetitividade, elevação dos volumes de produção, passaram a ser as palavras chave nas organizações industriais. Graças à automatização e às linhas de montagem, passou-se a fabricar produtos padronizados em enorme quantidade.

---

[16] MARX, Karl. **O capital crítica da economia política** volume I livro primeiro - o processo de produção do capital. tomo 1. Tradução de Regis Barbosa e Flávio R. Kothe São Paulo: Editora Nova Cultural Ltda, 1996. P. 198 -199

[17] LIPOVESTSKY, Gilles. **A felicidade paradoxal: ensaio sobre a sociedade de hiperconsumo.** Tradução Maria Lúcia Machado. São Paulo: companhia das Letras, 2007. P. 33

Evidentemente que com o aumento da produção será necessário o incremento do consumo e mudanças no comportamento social para abarcar a crescente disponibilização de bens no mercado de consumo. Com isso, se faz necessário o incentivo ao consumo, como forma de satisfação pessoal dos consumidores. O ato de consumir passou a integrar a busca pela satisfação e felicidade na sociedade de consumidores, como bem observa Bauman: "mas em todos os mercados valem as mesmas regras. Primeira: o destino final de toda mercadoria colocada à venda é ser consumida por compradores. Segunda: os compradores desejarão obter mercadorias para consumo se, e apenas se, consumi-las for algo que prometa satisfazer sus desejos. Terceira: o preço que o potencial consumidor em busca de satisfação está preparado para pagar pelas mercadorias em oferta dependerá da credibilidade dessa promessa e da intensidade desses desejos. Os encontros dos potenciais consumidores com os potenciais objetos de consumo tendem a se tornar as principais unidades na rede peculiar de interações humanas conhecida, de maneira abreviada, como "sociedade de consumidores"."[18]

Com isso, para mais do que uma sociedade de consumo em massa que visa apenas absorver a crescente produção, ocorreu a mudança no padrão de consumo. O consumo passou a ser peça central na sociedade, como forma de pertencimento apenas para

---

[18] BAUMAN, Zygmunt. **Vida para consumo: a transformação das pessoas em mercadorias.** Tradução Carlos Alberto Medeiros. Rio de Janeiro: Jorge Zahar editora, 2008. P. 18-19

aqueles que cumprem seu dever de consumir, que deve se renovar constantemente.

Uma das formas de alavancar o consumo, criando necessidades e desejos, é através da publicidade. Muitas vezes volta-se ao público infanto-juvenil e faz crer que realizar aquele ato de consumo é imprescindível para a inserção em determinado grupo social. Neste sentido, Lima[19] observa que a publicidade agressiva das novas formas de crédito incita ao consumo excessivo e ao superendividamento, inclusive daqueles consumidores mais vulneráveis como as crianças e devedores que recém saíram de um processo de falência.

Para reforçar seus argumentos, a referida autora cita parecer do Comitê Econômico e Social Europeu sobre a publicidade destinada aos jovens e às crianças, de 18.09.2012. Tal documento registra que 54% dos adolescentes se sentem pressionados a comprar produtos só porque os seus amigos têm e acabam influenciando as decisões de compra dos pais, especialmente aqueles de baixos recursos que acabam penalizados pela publicidade.

Lipovestsky denota que o capitalismo foi além da produção de massa para uma produção personalizada de forma a propiciar a sociedade de hiperconsumo e o turboconsumidor. Com o

---

[19] LIMA, Clarissa Costa de. **O tratamento do superendividamento e o direito de recomeçar dos consumidores.** São Paulo: Editora Revista dos Tribunais, 2014. P.38

desenvolvimento tecnológico há um sem-número de possibilidade de personalização de produtos e serviços, tornando-os "únicos" para cada consumidor. Ademais, o tempo é supervalorizado, conceito em que o imediatismo se faz presente, denotando uma cultura da impaciência e da satisfação imediata dos desejos. Este novo modelo de consumo, associado a imediatismo da necessidade de satisfação pessoal obtida através do consumo, é uma forma de manter a demanda sempre constante. "A sociedade de hiperconsumo designa a terceira etapa histórica do capitalismo de consumo. Esta não se caracteriza apenas por novas maneiras de consumir, mas também por novos modos de organização das atividades econômicas (...). Segmentação dos mercados, diferenciação extrema dos produtos e dos serviços, políticas de qualidade, aceleração do ritmo de lançamento dos produtos novos, preeminência do marketing (...) favorecem a emergência de novos modelos de consumo."[20]

Fromm observa que na sociedade industrial, o que move os seus membros é o desejo de adquirir propriedade, aumentando-a constantemente e que aqueles que assim o fazem são tidos pelos demais como superiores. Isto leva aqueles que não possuem propriedades transferir o desejo possuindo outras pessoas, "as pessoas são transformadas em coisas; suas relações umas para com outras assume o caráter de propriedade"[21].

---

[20] LIPOVESTSKY, Gilles. **A felicidade paradoxal: ensaio sobre a sociedade de hiperconsumo.** Tradução Maria Lúcia Machado. São Paulo: companhia das Letras, 2007. P. 76

[21] FROMM, Erich. **Ter ou ser?** Tradução Nathanael C. Caixeiro. 4ª Ed. Rio de Janeiro: Zahar Editores., 1982. P. 83

Com isso, o próprio sentido de identidade pessoal muda para abarcar no "ser" o que se possui, revelando a importância que o consumo passa a assumir. Fromm[22] aponta ainda que consumir apresenta qualidades ambíguas: alivia a ansiedade, porque o que se tem não pode ser tirado. No entanto, exige que se consuma cada vez mais, porque o consumo anterior logo perde a sua característica de satisfazer. Os consumidores modernos, deste modo, podem identificar-se pela forma "eu sou": sou o que tenho e sou o que consumo.

Esses novos modelos de consumo corroboram as observações de Bauman de que é gerada a insatisfação permanente dos consumidores como forma de manutenção e elevação do padrão de consumo. Neste sentido, a sociedade de consumo somente prospera enquanto consegue tornar perpétua a não-satisfação de seus membros, que em busca da felicidade não satisfeita continuam a consumir o próximo produto/serviço disponível. "A sociedade de consumo tem com base de suas alegações a promessa de satisfazer os desejos humanos em um grau que nenhuma sociedade do passado pôde alcançar, ou mesmo sonhar, mas a promessa de satisfação só permanece sedutora enquanto o desejo continua insatisfeito; mais importante ainda, quando o cliente não está "plenamente satisfeito" – ou seja, enquanto não se acredita que os desejos que motivaram e colocaram em movimento a busca da

---

[22] FROMM, Erich. **Ter ou ser?** Tradução Nathanael C. Caixeiro. 4ª Ed. Rio de Janeiro: Zahar Editores., 1982. P. 45

satisfação e estimularam experimentos consumistas tenham sido verdadeira e totalmente realizados." [23]

Ocorre que a renda dos consumidores não é (e nunca será) suficiente para a aquisição de todos os bens que lhe são ofertados como forma de satisfação pessoal e inclusão social. Ademais, a satisfação do desejo de consumo deve ser imediata na sociedade de consumidores. Deste modo, a concessão de crédito é peça chave para a realização imediata dos desejos de consumo e para o desenvolvimento econômico da própria sociedade.

Em termos econômicos, o crédito é uma importante variável que promove a expansão da atividade comercial e industrial além de ampliar o poder de compra dos consumidores e multiplicar as transações. Para tanto, o aumento na capacidade produtiva tem que ser acompanhado pelo aumento proporcional da demanda no outro lado da equação de mercado.

O aumento da produção requer o aumento do consumo, que encontra óbice na renda dos consumidores, que é limitada. Neste ponto é relevante a democratização do crédito, que deixa de ser sinônimo de pobreza ou prodigalidade para ser meio de manutenção de consumo.

O crédito passa a ser uma das formas de aumento de renda para consumo, o que pode contribuir para o superendividamento do

---

[23] BAUMAN, Zygmunt. **Vida para consumo: a transformação das pessoas em mercadorias.** Tradução Carlos Alberto Medeiros. Rio de Janeiro: Jorge Zahar editora, 2008. P. 63

consumidor. Com o uso do crédito como complemento de renda, a renda real do consumidor não aumentou, não sendo capaz de quitar os débitos assumidos com a utilização do crédito para consumo e as demais despesas cotidianas das famílias. Neste sentido, a utilização do crédito de forma corriqueira, com seu uso para a complementação da renda, importa na mudança de visão da dívida dentro da sociedade.

Se antes uma pessoa que possuía débitos era vista com ressalvas no grupo social, com a mudança de paradigma ela passa a ser vista com normalidade. Neste sentido, bem observa Bertonocello[24] que o êxito na expansão da economia somente encontraria amparo com a modificação da visão moral a respeito do homem endividado. Foi retirado o caráter pejorativo e pecaminoso do consumo e propagado a eticidade na obtenção de uma vida confortável e prazerosa.

Assim sendo, a aquisição de crédito para consumo passa a ser algo rotineiro e aceito pela sociedade. Com isso, é possível ampliar a capacidade de consumo mesmo que a renda salarial do consumidor permaneça estagnada. Neste sentido, é possível que haja relação direta entre o avanço do endividamento das famílias e a manutenção da economia. "A facilitação dos gastos das famílias adequados, a despeito da renda estagnada, é assegurada de modo mais efetivo pelo acesso ao endividamento do consumidor, de

---

[24] BERTONOCELLO, Káren Rick Danielevicz. **Superendividamento do consumidor: mínimo existencial: casos concretos.** São Paulo: Editora Revista dos Tribunais, 2015. P. 38

forma que o gasto das famílias possa ser descasado dos limites da renda. É possível perceber que essa tendência está se manifestando em todas as principais economias capitalistas avançadas. (...) Em todo mundo industrializado, ao longo das últimas poucas décadas, pudemos ver a correlação entre parcelas de salários estagnadas, ou mesmo em declínio, e o crescente uso do endividamento do consumidor. Suspeitamos que possa mesmo haver uma relação simbiótica entre os dois, no sentido de que por meio da permanência do consumo impulsionado pelo endividamento em níveis suficientemente altos, o crescimento do PIB pode então ser incitado o bastante para sustentar, por sua vez, o crescente uso do endividamento pelas famílias por um longo período de tempo." [25]

O pensamento da massificação do consumo e de concessão de crédito foi capaz de fomentar a economia, gerando mais riqueza e fazendo circular um número de dividendos ainda maiores. Com esse modelo utilizado em ampla escala e de forma irrestrita iniciou-se, no final do século XX e início do XXI, ciclos de crise, com consequências sociais, como altas taxas de juros, aumento do desemprego, estagnação econômica, crise na produção industrial, saturação do setor terciário da economia, além do superendividamento dos consumidores.

---

[25] GUTTMANN, Robert. PLIHON, Dominique. O endividamento do consumidor no cerne do capitalismo conduzido pelas finanças. **Econ. soc.**, Campinas , v. 17, n. spe, p. 575-610, Dec. 2008. [on line] Disponível na internet via WWW. URL: <http://www.scielo.br/scielo.php?script=sci_arttext&pid=S0104-06182008000400004> acesso em 29/05/2019.

Consumir a crédito é mais do que uma necessidade de pertencimento social, é, na observação de Bauman, um dever daqueles que pertencem à sociedade de consumo. Segundo este sociólogo, "não é de surpreender que a tarefa de tornar os membros da sociedade de consumidores dignos de crédito dispostos a usar até o limite o crédito que lhes foi oferecido está caminhando para o topo da lista dos deveres patrióticos e dos esforços de socialização"[26]

Não cumprir com este dever é se tornar um consumidor falho, pertencente a uma subclasse indesejada pelos membros da sociedade de consumo e "reclassificados como baixas colaterais do consumismo"[27]. Os integrantes dessa subclasse são excluídos inclusive da empatia moral dos membros da sociedade de consumo. Para evitar este estigma, os consumidores se mantêm consumindo através do crédito colocado à sua disposição para tanto. Assim, para o sistema econômico e social, os indivíduos devem estar endividados, mas não superendividados.

O crédito, quando bem utilizado, não causa o superendividamento. A concessão de crédito é benéfica tanto para a sociedade quanto para o consumidor que dele se utiliza de forma sadia. A obtenção de empréstimo ou parcelamento é um modo do consumidor obter o bem ou serviço de modo imediato, mesmo sem

---

[26] BAUMAN, Zygmunt. **Vida para consumo: a transformação das pessoas em mercadorias.** Tradução Carlos Alberto Medeiros. Rio de Janeiro: Jorge Zahar editora, 2008. P. 103
[27] BAUMAN, Zygmunt. **Vida para consumo: a transformação das pessoas em mercadorias.** Tradução Carlos Alberto Medeiros. Rio de Janeiro: Jorge Zahar editora, 2008. P. 160

a disponibilidade financeira para tanto. Assim, em situações emergenciais ou mesmo para a aquisição de bens de alto valor, os empréstimos e parcelamentos são capazes de atender a esta demanda.

O problema surge quando há um incentivo desmedido à aquisição do crédito para o consumo, levando ao indivíduo a utilizar o crédito como complemento de renda. Nesta hipótese, há um incentivo pelo mercado e pela sociedade ao surgimento do consumidor endividado. Um comportamento que, a priori, isoladamente parece um "descontrole" na vida financeira, ou uma "má-gestão" das finanças pessoais, na verdade pode demonstrar, quando observado no contexto social, em uma necessidade de pertencimento social rotineiramente incentivada pelo mercado.

Para Niklas Luhmann, a sociedade é formada por vários subsistemas sociais com funções específicas, e o direito é um desses sistemas. O conceito de sistema desenvolvido por Luhmann teve inspiração nos estudos dos biólogos chilenos Humberto Maturana e Francisco Varella, que observaram que os organismos vivos, tal como um vegetal, um animal ou uma bactéria são sistemas fechados, autorreferenciados e autopoiéticos. Isso não quer dizer que os sistemas são incomunicáveis e imutáveis, mas sim que há interação entre as partes.

Luhmann entende que a sociedade moderna é um sistema mundial de grande complexidade com diversos sistemas que geram condições para si próprios e para os outros ao seu redor. Assim,

Luhmann aponta a necessidade de ver o todo e não apenas a parte, assim como devem ser consideradas as funções em conjunto e não somente os elementos. Isto porque há vários outros sistemas menores dentro do sistema social, como por exemplo, o político, econômico, educacional, religioso, que, entre outros, fazem parte de um sistema macro, o social.

Deste modo, não há como um sistema totalmente ser totalmente fechado ou totalmente aberto, mas sim autopoiético. Quando se trata de sistemas sociais, contingências surgem a cada instante, obrigando o sistema a interagir com o ambiente, seja recebendo ou enviando novas informações. No entanto, é mantida a interdependência entre os subsistemas sociais.

Deste modo, a economia necessita da política, assim como o direito também necessita da economia, da política e vice-versa, em um movimento de interação entre os subsistemas. O direito tem o intuito de resolver conflitos, evoluindo de tal forma que se torna capaz de, além de solucionar, prever os conflitos. Assim, o direito não apenas pacifica conflitos como também os cria mediante suas estruturas internas no processo de autopoiesis, porquanto se diferencia do meio ao mesmo tempo em que influencia e é por ele influenciado.

Deste modo, o direito deve observar a economia e as consequências sociais do superendividamento, de modo que a interação entre os sistemas gere a regulação do mesmo. Fromm[28] observa que, para que cesse o "consumo patológico", deve haver mudança no sistema econômico e um lento processo educacional, em que o Estado pode desempenhar um papel importante.

No mesmo sentido, Bertonocello informa que "podemos exemplificar o superendividamento do consumidor como um risco global nas sociedades de consumo, cuja atenuação é proposta por meio da regulamentação legal da insolvência da pessoa física"[29]. Observado através da ótica de Luhman, o sistema econômico e o direito como sistema interagem entre si de forma a se adequarem.

Deste modo, o direito deve observar a economia e as consequências sociais do superendividamento, de modo que a interação entre os sistemas gere a regulação do mesmo, o que já ocorre em diversos países. Porto e Butelli[30] apontam que, segundo a teoria econômica clássica, a facilitação deste acesso ao crédito é considerada importante fator para o crescimento econômico, além de contribuir com um melhor bem-estar econômico. Neste sentido, o endividamento pode até ser considerado necessário a fim de se manter um nível de consumo estável, impulsionando a economia em períodos de menor aquecimento.

---

[28] FROMM, Erich. **Ter ou ser?** Tradução Nathanael C. Caixeiro. 4ª Ed. Rio de Janeiro: Zahar Editores., 1982. P. 172 e 173.

[29] BERTONOCELLO, Káren Rick Danielevicz. **Superendividamento do consumidor: mínimo existencial: casos concretos.** São Paulo: Editora Revista dos Tribunais, 2015. P. 29-30.

[30] PORTO, Antônio José M.; BUTELLI, Pedro Henrique. O superendividamento brasileiro: uma análise introdutória de uma nova base de dados. In: PORTO, Antonio José Maristrello. CAVALLI, Cássio. LUKIC, Melina de Souza Rocha; SAMPAIO, Patrícia Regina Pinheiro. (Org). **Superendividamento no Brasil.** Curitiba: Juruá, 2015. P. 12

Neste sentido, o acesso e a utilização do crédito crescem numa proporção maior do que a renda dos indivíduos, elevando, assim, a taxa de endividamento e diminuindo a qualidade dos empréstimos, de modo a manter e elevar os padrões de consumo de forma constante. Em análise de dados fornecidos pelo NUDECON, de 2008 em diante, em relação a 646 indivíduos residentes no Rio de Janeiro, Porto e Butelli observaram uma correlação entre o fornecimento de crédito e o superendividamento. "Passando para a investigação sobre o perfil educacional dos consumidores, frisamos que os dados sobre esse subgrupo só contemplam 179 do total de 646 indivíduos. Destes, 57,5% têm nível superior e mais de 5% possuem mestrado ou doutorado. Apenas 14% não têm o ensino médio completo. Esses percentuais ajudam a criar, mesmo que limitado em razão da menor quantidade de consumidores analisados, um padrão entre endividamento e alta escolaridade. E, se associarmos esse padrão com as informações sobre a renda, notamos que o maior acesso ao crédito pode ser um fator determinante ao superendividamento."[31]

No entanto, não é só o acesso ao crédito que fomenta o superendividamento. Lima[32] sintetiza algumas das abordagens para a compreensão do superendividamento em um nível

---

[31] PORTO, Antonio José Maristrello. BUTELLI, Pedro Henrique. O superendividado brasileiro: uma análise introdutória e uma nova base de dados. In: PORTO, Antonio José Maristrello. CAVALLI, Cássio. LUKIC, Melina de Souza Rocha; SAMPAIO, Patrícia Regina Pinheiro. (Org). **Superendividamento no Brasil**. Curitiba: Juruá, 2015. p. 43-44

[32] LIMA, Clarissa Costa de. **O tratamento do superendividamento e o direito de recomeçar dos consumidores.** São Paulo: Editora Revista dos Tribunais, 2014. P.35-43.

socioeconômico. Inicialmente, cita a desregulamentação dos mercados de crédito, com a redução dos mecanismos de controle pelos bancos centrais do nível de crédito ao consumo e abolição do teto de juros. Além disso, aponta uma redução do estado de bem-estar social, em especial nos países em que não é oferecida educação pública de boa qualidade e assistência médica universal, fatores que oneram o orçamento das famílias.

O superendividamento pode resultar não só do aumento de crédito disponível ao consumidor, mas também de sua concessão de forma irresponsável. Muitos fornecedores de crédito, mesmo cientes da probabilidade de inadimplência do consumidor, concedem empréstimos ou financiamentos a quem não terá condições de pagar. Com isso assumem grandes riscos de não obterem reembolso, mas que são vantajosas ao fornecedor diante da larga margem de lucro decorrente dos juros nesse tipo de empréstimo.

Não há um limite legal para a fixação dos juros remuneratórios das instituições financeiras nestes casos e poderia se questionar acerca da possibilidade de limitação da autonomia privada no que tange a um negócio em que as partes são plenamente capazes para estabelecer o montante de juros livremente. No entanto, não se pode olvidar que há a vulnerabilidade do consumidor, devendo se ponderar a autonomia privada com a dignidade do consumidor como forma de coibir abusos e prevenir o superendividamento.

No entanto, o superendividamento não decorre unicamente dos juros excessivos e não pode ser explicado unicamente por um ou outro fator, sendo um fenômeno complexo. Além do incentivo ao consumo, expansão do crédito como forma de complemento de renda, concessão de empréstimos irresponsáveis, outros fatores podem levar o consumidor ao superendividamento.

Neste sentido, o consumo impulsivo ou mesmo distúrbios de ordem psicológica, como a oniomania, são fatores que podem contribuir para o superendividamento. Sobre a oniomania, TONELLI, ALVAREZ, BERTOLUCCI, e ROSA [33] apontam que tal distúrbio, também chamado de comprar compulsivo (CC), é um transtorno classificado no Manual de Diagnóstico e Estatística das Perturbações Mentais (DSM-IV) na categoria Transtornos do controle de impulsos não especificados. Ele se caracteriza pela incapacidade de resistir a um impulso, tendência ou tentação para realizar um ato potencialmente nocivo ao indivíduo ou a terceiros, assim como o uso os jogos de azar, por exemplo.

A oniomania frequentemente é associada a complicações psicológicas, interpessoais, financeiras e legais, cuja prevalência oscila entre 1,8 e 16% da população norte-americana adulta. Em relação ao tratamento da oniomania, além das diversas modalidades

---

[33] TONELLI, Helio; ALVAREZ, Cristiano Estevez; BERTOLUCCI, Cristina and ROSA, Dayane Diomario. **Comprar compulsivo: revisão sistemática das opções terapêuticas**. Rev. psiquiatr. Rio Gd. Sul [online]. 2008, vol.30, n.1, [*on line*] Disponível na internet via WWW. URL:<http://www.scielo.br/scielo.php?script=sci_arttext&pid=S0101-81082008000200009> Acesso em 05 de junho de 2019.

de psicoterapia que podem ser utilizadas, também há a prescrição de antidepressivos inibidores da receptação de serotonina como forma de controlar a oniomania.

Como descrito, o superendividamento é um fenômeno complexo, influenciado tanto pelas mudanças socioeconômicas quanto comportamentais. O superendividamento não traz efeitos apenas na esfera econômica do indivíduo, afetando diversos setores da vida do endividado e de seus familiares. Sobre os efeitos do superendividamento, Lima[34] aponta alguns deles como a tendência do superendividado se tornar menos produtivo pois o indivíduo perde o incentivo de buscar aumento de renda. Isso seria uma decorrência de que os ganhos seriam revertidos em benefício do credor.

Ademais, há a dificuldade da manutenção da subsistência e qualidade de vida das famílias, além da insegurança econômica dos consumidores que dependem do crédito para a manutenção das despesas. O superendividamento gera inclusive problemas de saúde, como estresse e ansiedade, entre outros, demonstrando que a importância do seu tratamento vai muito além de uma questão puramente econômica.

Lima[35] aponta que alguns efeitos decorrentes do estresse financeiro na vida dos consumidores foram apurados no Centro de

---

[34] LIMA, Clarissa Costa de. **O tratamento do superendividamento e o direito de recomeçar dos consumidores.** São Paulo: Editora Revista dos Tribunais, 2014. P.39-40

[35] LIMA, Clarissa Costa de. **O tratamento do superendividamento e o direito**

Pesquisa em Estresse e Bem-Estar da Universidade de Carleton, no Canadá. Em tal pesquisa, a conclusão mais importante foi de que o estresse causado pelo endividamento excessivo está associado à baixa autoestima, visão pessimista da vida, redução da saúde com aumento de casos de dores de cabeça e de estômago, insônia, depressão, podendo levar ao consumo exacerbado de álcool e até mesmo ao suicídio, revelando a importância social do tratamento do superendividamento.

1.3 Situação atual do superendividamento no Brasil

O aumento do endividamento populacional no Brasil tem cada vez mais importância. Em termos recentemente, a população brasileira era pouco endividada pois a economia nacional era fechada e instável, havia grande desigualdade social e falta de acesso à rede bancária por elevada parcela da população. Tais fatores dificultavam o acesso ao crédito e, consequentemente, o endividamento na forma que é praticada hoje. No entanto, o cenário começou a mudar com a estabilização econômica, aumentando o sobremaneira o endividamento populacional.

A queda da inflação e estabilização monetária a partir da edição do Plano Real em 1994, importou em um significativo

---

de recomeçar dos consumidores. São Paulo: Editora Revista dos Tribunais, 2014. P.39-40 P. 40

avanço na oferta de crédito à população. As mudanças advindas a partir da estabilização da moeda foram bem sintetizadas por Porto e Sampaio, que denotam que "tratou-se de uma verdadeira revolução econômica: se entre 1993 e 1994 a inflação anual foi de 5000% (LEITÃO, 2011, p282), a partir do Plano Real ela veio se estabilizar no patamar de um dígito. Em dezembro de 1996, segundo dados do Índice Nacional de Preços ao Consumidor (INPC/IBGE), a inflação havia sido reduzida a 9,12%; em 2013, foi a 5,56%.

Paralelamente, houve a adoção de programas de transferência de renda que tiveram por efeito o ingresso de parcela significativa da população no mercado de consumo. Entre 2006 e 2010, 36 milhões de pessoas acederam ao mercado de consumo, segundo dados da Federação Brasileira de Bancos (FEBRABAN). Nesse mesmo período, os depósitos expandiram-se 69,5% e os empréstimos a pessoas físicas aumentaram 117% em volume e 71,8% em quantidade de pessoas.

Um possível efeito colateral dessas mudanças foi o aumento do endividamento das famílias brasileiras, que mais do que duplicou percentualmente na última década, tendo já ultrapassado 40%."[36]

Hodiernamente, é possível vislumbrar a dimensão do superendividamento no Brasil através da pesquisa sobre o

---

[36] PORTO, Antônio José Maristrello. SAMPAIO, Patrícia Regina Pinheiro. Uma visão regulatória da prevenção e tratamento do superendividamento no Brasil. In: PORTO, Antonio José Maristrello. CAVALLI, Cássio. LUKIC, Melina de Souza Rocha; SAMPAIO, Patrícia Regina Pinheiro. (Org). **Superendividamento no Brasil**. Curitiba: Juruá, 2015. P.143-144

endividamento e inadimplência do consumidor realizada mensalmente pela Confederação Nacional do Comércio desde o ano de 2010. O quadro abaixo[37], extraído da referida pesquisa, bem representa a situação de endividamento das famílias brasileiras em abril de 2019. Destas, 9,5% – percentual que, de acordo com a pesquisa, representa um universo de 1.575.568 famílias – admitem que não conseguirão quitar seus débitos:

Síntese dos Resultados

	Total de Endividados	Dívidas ou Contas em Atraso	Não Terão Condições de Pagar
Abril de 2018	60,2%	25,0%	10,3%
Março de 2019	62,4%	23,4%	9,4%
Abril de 2019	62,7%	23,9%	9,5%

Este índice de endividamento se mantém relativamente constante[38] desde que a pesquisa foi iniciada, o que demonstra a gravidade do problema. Ademais, a pesquisa informa que 47,7% dos endividados possuem débito em atraso em tempo superior a 90

---

[37] CNC – Confederação Nacional do Comércio. **Pesquisa Nacional de Endividamento e Inadimplência do Consumidor (Peic).** [*on line*]. Disponível na internet via WWW. URL: < http://www.sistemafecomercio-rj.org.br/sites/default/files/arquivos/analise_peic_abril_2019.pdf>. Acesso em 11 de junho de 2019. p. 1

[38] CNC – Confederação Nacional do Comércio. **Pesquisa Nacional de Endividamento e Inadimplência do Consumidor (Peic).** 2019 [*on line*]. Disponível na internet via WWW. URL:<http://www.sistemafecomercio-rj.org.br/central-do-conhecimento/pesquisas/economia/pesquisa-de-endividamento-e-inadimplencia-do-consumido-14>. Acesso em 11 de junho de 2019.

dias e que 20,3% dos endividados comprometeram mais de 50% de sua renda apenas para o pagamento de dívidas.

Parcela da Renda Comprometida com Dívida (entre os endividados)

(Cheque pré-datado, cartão de crédito, carnê de loja, empréstimo pessoal, prestação de carro e seguro)

Abril de 2019

Faixa	Total	Renda Familiar Mensal	
		Até 10 SM	+ de 10 SM
Menos de 10%	24,4%	23,0%	30,5%
De 11% a 50%	49,5%	49,5%	50,2%
Superior a 50%	20,3%	21,2%	15,7%
Não Sabe / Não Respondeu	5,9%	6,3%	3,7%
Parcela Média	**29,4%**	**29,9%**	**27,2%**

Tempo com pagamento em atraso (entre as famílias com conta em atraso)

Abril de 2019

Categoria	Total	Renda Familiar Mensal	
		Até 10 SM	+ de 10 SM
Até 30 dias	24,4%	22,8%	32,9%
De 30 a 90 dias	25,8%	26,6%	22,8%
Acima de 90 dias	47,7%	48,4%	42,4%
Não Sabe / Não Respondeu	2,1%	2,1%	1,9%
Tempo médio em dias	**63,4**	**64,3**	**57,9**

Em relação ao tipo de débitos assumidos, a pesquisa[39] revela que quase 80% dos débitos são realizados através de cartão de

---

[39] CNC – Confederação Nacional do Comércio. **Pesquisa Nacional de Endividamento e Inadimplência do Consumidor (Peic)**. 2015 [*on line*].

crédito, o que pode denotar que o tipo de dívida assumida é primordialmente de consumo. Tais dados podem indicar o tipo de consumidor superendividado que prevalece na sociedade brasileira é o superendividado ativo inconsciente. No entanto, para confirmar tal prevalência seria necessária a análise do tipo de débito do cartão de crédito de tais consumidores.

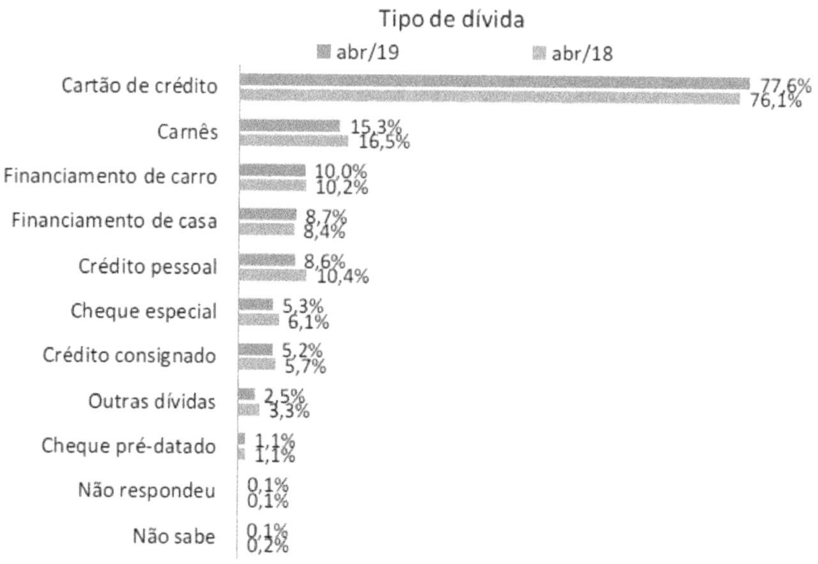

Nas operações com cartão de crédito, o consumidor não faz uma solicitação de contratação de crédito mês a mês. Ele simplesmente usa o crédito que lhe é posto à disposição, sem ter um controle do montante total do débito a cada transação. Além disso, o pagamento do mínimo da fatura, com o refinanciamento dos débitos anteriores e atuais, pode levar o consumidor à falsa percepção de

---

Disponível na internet via WWW. URL:<http://www.cnc.org.br/central-do-conhecimento/pesquisas/economia/pesquisa-nacional-de-endividamento-e-inadimplencia-do-c-7>. Última atualização em 07 de julho de 2015.

que possui um poder aquisitivo maior do que o real. A dinâmica desta modalidade de crédito pode denotar o seu uso como complemento de renda, levando ao superendividamento. "A contratação de financiamento por meio de cartão de crédito e do cheque especial simplificou sobremaneira os custos de transação na contratação de dívidas. Por outro lado, expôs o consumidor menos consciente às tentações do consumo aparentemente fácil, mas que pode levar a uma situação financeira delicada."[40]

Assim, evidencia-se que há o aumento do uso do crédito sem que ocorra o um aumento proporcional na renda. A tabela abaixo demonstra o descompasso entre o crescimento da renda e o do aumento das transações de crédito. De acordo com Porto e Butelli[41], enquanto a renda média aumentou 155% no período de janeiro de 2004 a dezembro de 2014, o montante emprestado em operações de crédito pessoal teve um aumento de 850%. Tal descompasso pode ser considerado um dos fatores de risco do aumento da inadimplência e do superendividamento.

Relação entre as operações de crédito e renda, em índices[42]

---

[40] PORTO, Antonio José Maristrello. SAMPAIO, Patrícia Regina Pinheiro. Uma visão regulatória da prevenção e tratamento do superendividamento no Brasil. In: PORTO, Antonio José Maristrello. CAVALLI, Cássio. LUKIC, Melina de Souza Rocha; SAMPAIO, Patrícia Regina Pinheiro. (Org). **Superendividamento no Brasil.** Curitiba: Juruá, 2015. P.150

[41] PORTO, Antônio José M.; BUTELLI, Pedro Henrique. O superendividamento brasileiro: uma análise introdutória de uma nova base de dados. In: PORTO, Antonio José Maristrello. CAVALLI, Cássio. LUKIC, Melina de Souza Rocha; SAMPAIO, Patrícia Regina Pinheiro. (Org). **Superendividamento no Brasil**. Curitiba: Juruá, 2015. P. 13

[42] PORTO, Antônio José M.; BUTELLI, Pedro Henrique. O superendividamento brasileiro: uma análise introdutória de uma nova base de dados. In: PORTO,

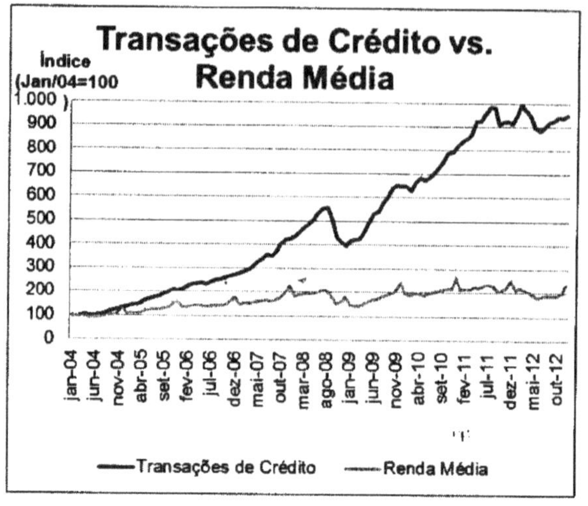

Em relação aos dados coletados, a pesquisa PEIC aborda um panorama geral, enquanto alguns órgãos de defesa do consumidor superendividado coletam alguns dados em relação aos cidadãos atendidos. Neste ponto, uma das principais pesquisas foi realizada pela Universidade Federal do Rio Grande do Sul, cujos resultados foram bem sintetizados por Lima: "No Brasil, Cláudia Lima Marques coordenou pesquisa na Universidade Federal do Rio Grande do Sul com cem consumidores cujo resultado apontou para 36,2% de superendividados em razão do desemprego, 19,5% em razão de doença ou acidente. A predominância de casos de superendividamento passivo verificou-se, igualmente, nos 2.486 casos atendidos até 2011 no Poder Judiciário do Rio Grande do Sul pelo Projeto de Tratamento das Situações de Superendividamento do Consumidor, apurando-se 22,8% de superendividamento

Antonio José Maristrello. CAVALLI, Cássio. LUKIC, Melina de Souza Rocha; SAMPAIO, Patrícia Regina Pinheiro. (Org). **Superendividamento no Brasil**. Curitiba: Juruá, 2015. P. 14

causado pelo desemprego; 4,7% por motivo de separação/divórcio ou dissolução de união estável; 19% em razão de doença pessoal ou familiar; 2,5% em razão da morte de alguém que contribuía para o orçamento doméstico e 24,3% por outros motivos relacionados à redução de renda."[43]

Em relação ao programa de atendimento ao superendividado promovido pelo Tribunal de Justiça do Distrito Federal, foram analisados os dados de 455 indivíduos atendidos até 2015, e, em sua maioria, os endividados atribuíam sua situação ao descontrole nos gastos[44]:

mulheres %	**Homens %**
Construção/casa própria 1,42	Construção/casa própria 2,2
Ajuda a terceiros 1,1	Ajuda a terceiros 1,78
Vício 2,85	Vício 3,6
Morte 6,41	Morte 4,4
Divórcio 8,01	Divórcio 7,2
Desemprego 9,61	Desemprego 11,6
Doença 17,44	Doença 13,3
Redução da renda 20,11	Redução da renda 19,6
Gastou mais do que possuía 32,38	Gastou mais do que possuía 37,0

---

[43] LIMA, Clarissa Costa de. **O tratamento do superendividamento e o direito de recomeçar dos consumidores.** São Paulo: Editora Revista dos Tribunais, 2014. P.39

[44] Conforme dados divulgados em < https://www.tjdft.jus.br/informacoes/cidadania/nupemec/programas-e-projetos/superendividados > acesso em 05 de junho de 2019.

Observando-se os dados supramencionados, cabe ressaltar que o superendividamento é um fenômeno que atinge diversas faixas de renda, escolaridade e idade, não se limitando a um grupo de indivíduos. Em relação ao superendividados atendidos pelo NUDECON no Rio de Janeiro, Porto e Butelli[45] analisaram os dados de 646 indivíduos e observaram que 33% são aposentados e pensionistas e 5,3% são funcionários públicos. Tais dados demonstram que quase 40% dos superendividados da pesquisa tem fonte estável de renda.

De acordo com os dados apresentados, não há uma padronização que permita analisar a questão do superendividamento como um todo no cenário atual. Nas pesquisas realizadas, denota-se que naquelas feitas com endividados em um panorama geral, quase 10% admitem que não irão conseguir quitar suas dívidas, sendo apontado o uso do cartão de crédito como a principal fonte do endividamento. Em relação às pesquisas realizadas com indivíduos que buscaram auxílio em algum órgão de proteção, observa-se relatos de descontrole com gastos e desemprego, sem que se possa atribuir uma única causa ou fator que leva os consumidores brasileiros ao superendividamento.

---

[45] PORTO, Antonio José Maristrello. BUTELLI, Pedro Henrique. O superendividado brasileiro: uma análise introdutória e uma nova base de dados. In: PORTO, Antonio José Maristrello. CAVALLI, Cássio. LUKIC, Melina de Souza Rocha; SAMPAIO, Patrícia Regina Pinheiro. (Org). **Superendividamento no Brasil**. Curitiba: Juruá, 2015. p. 43

2. ASPECTOS CONSTITUCIONAIS E LEGAIS NO BRASIL

2.1 Dignidade e violação aos direitos fundamentais do consumidor

Como demonstrou a pesquisa realizada pela Confederação Nacional do Comércio, supracitada, muitas famílias brasileiras possuem mais de 50% da renda comprometida com dívidas, o que pode acarretar a violação da dignidade dos devedores por não assegurar condições mínimas de sobrevivência dos mesmos e de seus familiares. A dignidade é fundamento jurídico da República Federativa do Brasil e deve orientar todo o ordenamento e relações jurídicas, inclusive as relações privadas. "É preciso observar que a dignidade (Constituição Federal, art. 1º, inciso III), como preceito aglutinador dos direitos fundamentais e, ao mesmo tempo, como princípio vetor da aplicabilidade de todas as normas jurídicas no sistema brasileiro – segundo postura adotada permanentemente pela jurisprudência brasileira – deve ser tomada como fonte que lança luzes sobre toda a relação jurídica. Assim, exige-se do prestador de serviços postura compatível com um *comportamento digno,* que se traduz no Código Civil pelas cláusulas de liberdade contratual, da função social, da probidade e da boa-fé, esta na sua dimensão objetiva, compatível com o ideário da lealdade, conforme disposições dos art.s 421 e 422 do referido diploma legal." [46]

A Constituição Federal de 1988 consagrou o princípio do respeito à dignidade da pessoa humana como um dos fundamentos da República. Como alicerce da ordem jurídica democrática, a Constituição passa a ser o norte axiológico do sistema jurídico e diretriz para a interpretação das demais normas. Neste sentido, é importante ressaltar que "a proteção do consumidor superendividado recebe o amparo constitucional na medida em que a prevenção e o tratamento deste fenômeno serão formas de assegurar e/ou resgatar a dignidade dos indivíduos".[47]

Como bem observa Nunes, "as constituições federais do ocidente são documentos históricos políticos ideológicos que refletem o andamento do pensamento jurídico da humanidade"[48]. Com a consolidação da ideia de Constituição como norma fundamental e a retomada do prestígio dos Direitos humanos no pós-guerra, não se mostrou mais viável a lógica liberal de separação absoluta entre Direito Privado e Direito Público, que vigeu no mundo ocidental durante o século XIX. Em decorrência disto, houve, e de certa forma ainda há, uma resistência na aplicação dos

---

[46] LOPES, Carla Patrícia Frade Nogueira. Direitos do credor e dignidade do devedor: o problema da ponderação de interesses. Anatomia de um caso. In: ANDRIGHI, Fátima Nancy (Coord.). **Responsabilidade Civil e inadimplemento no direito brasileiro**. São Paulo: Atlas, 2014. P.125
[47] MARQUES, Claudia Lima; LIMA, Clarissa Costa; BERTONCELLO, Káren. **Prevenção e tratamento do superendividamento**. Brasília: DPDC/SDE, 2010. p. 46
[48] NUNES, Rizzato. **Comentários ao Código de Defesa do Consumidor**. 8 ed. São Paulo: Saraiva, 2015. P. 65-66.

direitos fundamentais às relações privadas tendo em vista que eles foram postos, inicialmente, como forma de limitação ao poder do Estado, que seria, naquele momento, seu único destinatário.

No Brasil, a Constituição da República de 1988, através de suas garantias dos direitos fundamentais e da dignidade da pessoa, proporciona sua irradiação para diversos ramos do direito, incluindo o Direito Privado. De certo que não apenas o Estado, mas pessoas privadas, são capazes de violar os direitos fundamentais tendo em vista, por exemplo, as relações de dominação econômica.

A referência a um novo sujeito de direitos, o consumidor, é antes de tudo, o reconhecimento de uma posição jurídica da pessoa numa determinada relação de consumo, e a proteção do mais fraco. Neste sentido, o direito do consumidor como um direito fundamental dirigido contra o Estado é apto a determinar a realização de prestações positivas cuja materialização pressupõe uma atuação deliberadamente comissiva, visando a efetivar a proteção dos consumidores, a fim de equilibrar as relações de consumo.

A Carta Magna erigiu o direito do consumidor ao rol dos direitos constitucionais fundamentais, ao fazer inserir, de forma incisiva, no Título II - Direitos e Garantias Fundamentais- a obrigação de o Estado promover a defesa do consumidor, nos termos do art. 5º, XXXII. A inserção da proteção do consumidor na Constituição alinha-se com a função do Estado em atuar nos casos de desigualdade e desequilíbrio social, as quais não poderiam ser suficientemente solucionadas por meio de mecanismos meramente políticos ou econômicos.

A CFRB/88 reconhece um novo sujeito de direitos – os consumidores, individual ou coletivamente considerados – e compromissos do Estado para a sua proteção, assegurando-lhe a titularidade de direitos constitucionais fundamentais. Além disso, o constituinte originário determinou a elaboração de uma legislação codificada especial, nos termos do artigo 48 do ADCT, e, ainda, estabeleceu a defesa do consumidor como princípio da Ordem Econômica, conforme artigo 170, V, da CRFB/88.

A Constituição Federal é a Lei Fundamental, prevendo não só os direitos e garantias fundamentais, mas também a dignidade como fundamento da República Federativa do Brasil, como expresso no art. 1º, III. Assim, a Constituição assume preeminência hierárquica em relação às demais espécies normativas, determinando o respeito à dignidade em todo o ordenamento. Por tal razão, o fundamento de validade de todas as normas de proteção do consumidor advém da determinação constitucional de proteção do mesmo e de respeito à dignidade da pessoa.

Há, acerca do conceito de dignidade da pessoa, falta de consenso doutrinário, conforme adverte Sarlet[49], tendo em vista a dificuldade de sua enunciação, do uso de conceitos de contornos

---

[49] SARLET, Ingo Wolfgang. Notas sobre a Dignidade da Pessoa na Jurisprudência do Supremo Tribunal Federal. In: SARMENTO, Daniel; SARLET, Ingo Wolfgang. (Coord.). **Direitos Fundamentais no Supremo Tribunal Federal**: balanço e críticas. Rio de Janeiro: Lumen Iuris, 2011. p. 39

vagos e imprecisos, caracterizados por sua ambiguidade e porosidade, cuja natureza é necessariamente polissêmica. No entanto, o próprio doutrinador fornece sua definição de dignidade: "qualidade intrínseca e distintiva reconhecida em cada ser humano que o faz merecedor do mesmo respeito e consideração por parte do Estado e da comunidade, implicando, neste sentido, um complexo de direitos e deveres fundamentais que assegurem a pessoa tanto contra todo e qualquer ato de cunho degradante e desumano, como venham a lhe garantir as condições existenciais mínimas para uma vida saudável, além de propiciar e promover sua participação ativa e co-responsável nos destinos da própria existência e da vida em comunhão com os demais seres humanos, mediante o devido respeito aos demais seres que integram a teia da vida."[50]

A ordem econômica se destina a assegurar a todos existência digna, observados, dentre outros, o princípio da propriedade privada, nos termos do art. 170 da CRFB. A Constituição consagrou, de um lado, uma economia de mercado de natureza capitalista e de outro lado, procurou resguardar a defesa do consumidor.

Com isso, a liberdade econômica não é absoluta, eis que conformada pela dignidade da pessoa humana e pela defesa do consumidor. Neste sentido, Nunes[51] observa que a livre iniciativa

---

[50] SARLET, Ingo Wolfgang. Notas sobre a Dignidade da Pessoa na Jurisprudência do Supremo Tribunal Federal. In: SARMENTO, Daniel; SARLET, Ingo Wolfgang. (Coord.). **Direitos Fundamentais no Supremo Tribunal Federal**: balanço e críticas. Rio de Janeiro: Lumen Iuris, 2011. p. 51

[51] NUNES, Rizzato. **Comentários ao Código de Defesa do Consumidor**. 8 ed.

está garantida, mas que o texto constitucional traz definições importantes acerca dos limites da livre iniciativa. Entre eles, o autor cita que o mercado de consumo é aberto à exploração, mas não pertence ao explorador: ele é da sociedade e em função dela, de seu benefício, é que se permite sua exploração.

Além disso, o explorador tem responsabilidades a saldar no ato exploratório e tal ato não pode ser espoliativo: se lucro é uma decorrência lógica e natural da exploração permitida, não pode ser ilimitado. Neste sentido, encontrará resistência e terá de ser refreado toda vez que puder causar dano ao mercado e à sociedade. Ademais, excetuando os casos de monopólio do Estado o monopólio, o oligopólio e quaisquer outras práticas tendentes à dominação do mercado estão proibidos. Por fim, o lucro é legítimo, mas o risco é exclusivamente do empreendedor, que não pode repassar esse ônus para o consumidor.

Com isso, é possível dizer que o mercado, dentro da livre iniciativa e na busca do lucro, deve respeitar a dignidade dos consumidores. Os direitos fundamentais devem ser respeitados e garantidos não só na relação Estado-cidadão, mas nas relações entre particulares.

Para Sarmento[52], a proteção conferida à dignidade pela ordem constitucional pode ser preventiva ou repressiva e englobar

---

São Paulo: Saraiva, 2015. P. 122-123.
[52] SARMENTO, Daniel. **Direitos Fundamentais e Relações Privadas**. Rio de Janeiro: Lumen Iuris, 2004. P. 301

prestações negativas e positivas dependendo do caso concreto. Deste modo, é possível afirmar que a desigualdade material justifica a ampliação da proteção dos direitos fundamentais na esfera privada. Em relação ao tema, Vieira de Andrade salienta que: "põe-se em relevo a necessidade de protecção dos particulares não apenas perante o Estado, mas também, através do Estado, perante outros particulares, pelo menos, perante indivíduos ou entidades privadas que sobre eles exercem ou estão em condições de exercer verdadeiros poderes, jurídicos ou de facto."[53]

Assim, o princípio da dignidade cumpre dupla função: limite – para a intervenção do Estado e de terceiros (inclusive para efeito da proteção da pessoa contra si mesma) – e tarefa – no sentido de gerar um dever jurídico de atuação em prol da proteção da dignidade.

Não há dúvidas acerca da posição dominante que exercem os bancos e instituições financeiras na sociedade. Assim, haverá a vinculação direta destas instituições aos direitos fundamentais e a desigualdade material torna-se especialmente relevante no momento em que se tiver de ponderar princípios.

Os princípios constitucionais fundamentam todo o ordenamento jurídico e os direcionam. Assim, as relações jurídicas devem respeitar a igualdade em seu sentido material e a dignidade

---

[53] ANDRADE, Vieira de. **Os Direitos Fundamentais do Século XXI** [*on line*]. Disponível em <http://georgemlima.xpg.uol.com.br/andrade.pdf> , acesso em 07/07/15. P. 33

da pessoa. Com o superendividamento, o consumidor e sua família são postos em uma situação de impossibilidade de adimplemento dos débitos e consequente impossibilidade de manutenção da própria dignidade tendo em vista que seus recursos financeiros acabam sendo direcionados exclusivamente para o pagamento de débitos.

Como é cediço, a relação de consumo é intrinsecamente desigual. Com isso, o *pacta sunt servanda* não pode ser utilizado como modo de impor ao consumidor os interesses exclusivos do contratante mais forte, ou seja, do fornecedor de produtos e serviços. Isto porque a assunção de débitos pelo consumidor, muitas vezes fomentada pela concessão irresponsável de crédito pelo fornecedor, não pode ser meio de aviltar a dignidade do consumidor sob o argumento do respeito ao princípio da autonomia privada.

Quanto ao embate circunstancial entre os direitos do credor e a dignidade do devedor, Lopes[54] alerta que a jurisprudência brasileira costuma analisar os casos em que essas questões estão em pauta, tratando a ideia de dignidade humana ora como direito fundamental, ora como princípio dotado de dimensão elastecida e hierarquizada. Neste sentido, ao lado de conformar a posição do credor a um grau de submissão e até de marginalização, o que se dá,

---

[54] LOPES, Carla Patrícia Frade Nogueira. Direitos do credor e dignidade do devedor: o problema da ponderação de interesses. Anatomia de um caso. In: ANDRIGHI, Fátima Nancy (Coord.). **Responsabilidade Civil e inadimplemento no direito brasileiro**. São Paulo: Atlas, 2014. P. 123

notadamente, pelo uso da dogmática jurídica amplamente favorável às pretensões do cidadão que amealhou dívidas.

Na doutrina brasileira, Daniel Sarmento, com fundamento na moldura axiológica estabelecida pela CRFB/88, afirma que "no caso brasileiro, a eficácia dos direitos fundamentais nas relações privadas é direta e imediata, não dependendo da atuação do legislador ordinário, nem se exaurindo na interpretação das cláusulas gerais do Direito Privado."[55] Neste sentido, são possíveis que se adotem medidas protetivas ao consumidor, ainda que não haja regulamentação específica, mas com fundamento na dignidade prevista constitucionalmente.

A liberdade individual deve ser respeitada não só pelo Estado, mas pelos demais detentores de poder que integram a sociedade civil. E, neste contexto, se não há condições mínimas de vida, não há como se falar em liberdade. Como é cediço, o Brasil é um país com níveis alarmantes de desigualdade social e, em que pese os esforços de mudança, ainda existem pessoas sem condições financeiras mínimas de manter sua própria subsistência, o que leva ao uso desmedido do crédito até mesmo como forma de pertencimento a uma sociedade de consumo.

Sarmento[56] adverte ainda que certas instituições privadas possuem poderes normativos, institucionalizados ou tolerados pela

---

[55] SARMENTO, Daniel. **Direitos Fundamentais e Relações Privadas**. Rio de Janeiro: Lumen Iuris, 2004. p. 279
[56] SARMENTO, Daniel. **Direitos Fundamentais e Relações Privadas**. Rio de Janeiro: Lumen Iuris, 2004. P. 305

ordem jurídica, o que denota a necessidade de proteção em face da desigualdade na relação jurídica. Tal doutrinador conclui que em certos domínios normativos, como o Direito do Trabalho e o Direito do Consumidor, que têm como premissa a desigualdade fática entre as partes, a vinculação aos direitos fundamentais deve mostrar-se especialmente enérgica, enquanto a argumentação ligada à autonomia da vontade dos contratantes assume peso inferior. De acordo com Sarmento "quanto maior a desigualdade, mais intensa será a proteção do direito fundamental em jogo e menor a tutela da autonomia privada"[57]. Ao contrário, quanto mais paritária a relação, maior é a proteção à autonomia privada.

Vieira de Andrade também se posiciona de forma favorável à aplicação direta nos casos em que há relação de poder entre as partes: "Quanto a nós, para além dos casos já referenciados em que a Constituição expressamente concebe os direitos perante privados, só deverá aceitar-se esta transposição directa dos direitos fundamentais, enquanto direitos subjectivos, para as relações entre particulares quando se trate de situações em que pessoas colectivas (ou, excepcionalmente, indivíduos) disponham de *poder especial* de carácter privado sobre (outros) indivíduos. Em tais casos, estamos perante relações de poder – e não relações entre iguais – e justifica-se a proteção da liberdade dos homens comuns que estejam em posição de vulnerabilidade."[58]

---

[57] SARMENTO, Daniel. **Direitos Fundamentais e Relações Privadas**. Rio de Janeiro: Lumen Iuris, 2004. p. 303

[58] ANDRADE, Vieira de. **Os Direitos Fundamentais do Século XXI** [*on line*]. Disponível na internet via WWW.

Diante disso, a desigualdade na relação jurídica é critério relevante para ponderação da autonomia privada em face da proteção à dignidade. A caracterização da igualdade ou desigualdade é obtida através da comparação de situações e pessoas, pois é uma "visão macro, do homem e da sociedade"[59]. Nestes casos, não há como afirmar que exista uma liberdade material posto que tais pessoas não possuem os meios necessários para sua autodeterminação. Sarmento, apontando o consenso doutrinário sobre a questão, sintetiza que "a liberdade é esvaziada quando não são asseguradas as condições materiais mínimas para que as pessoas possam desfrutá-las de forma consciente".[60]

Neste sentido, a autonomia privada pode acabar se tornando meio para imposição da vontade da parte detentora de poder na sociedade, como já advertiu Lacordaire em sua célebre frase: "entre o fraco e o forte é a liberdade que escraviza e a lei que liberta"[61].

É indubitável que as instituições financeiras e grandes fornecedores de bens e serviços são detentoras de poder econômico dentro da sociedade. Em razão disto, o texto constitucional demonstra que a atividade econômica está sujeita à realização de finalidades sociais, tanto para a construção de uma sociedade livre,

---

URL:<http://georgemlima.xpg.uol.com.br/andrade.pdf>. Última atualização em 07 de julho de 2015. p. 41

[59] MARQUES, Cláudia Lima; BENJAMIN; Antônio Herman V.; MIRAGEM; Bruno. **Comentários ao Código de Defesa do Consumidor:** arts. 1º a 74: Aspectos Materiais. São Paulo: Editora Revista dos Tribunais, 2003. p. 120

[60] SARMENTO, Daniel. **Direitos Fundamentais e Relações Privadas**. Rio de Janeiro: Lumen Iuris, 2004. p. 188

[61] Lacordaire apud GOMES, Orlando. **Contratos.** Rio de Janeiro: Forense, 1991 p. 35

justa e solidária, conforme determina o art. 3º, I , quanto para assegurar a todos uma existência digna, conforme os ditames da justiça social, nos termos do caput do art. 170 da Carta Maior.

Evidentemente que a relação entre instituição financeira e o consumidor de crédito é desigual. No entanto, não se pode afirmar que em todo e qualquer caso a autonomia privada estaria em risco. Sarmento adverte que nos casos em que as pessoas manifestam o consentimento, como é nas questões contratuais, a análise da autonomia privada deve considerar "até que ponto é legítimo que os direitos fundamentais representem uma proteção da pessoa contra si mesma."[62] Nesta questão, o autor estabelece dois critérios de avaliação no que tange a tais limites: a vontade deve ser realmente livre e a renúncia ao exercício de direito fundamental não pode importar em lesão ao princípio da dignidade da pessoa humana ou violação ao núcleo essencial dos direitos fundamentais.

Assim, é possível a limitação da autonomia privada pela aplicação direta dos direitos fundamentais às relações privadas de forma a tornar a relação mais justa, desde que observados alguns critérios. Entre tais critérios destaca-se a desigualdade fática entre as partes pois "as pessoas privadas que se encontram em posição de supremacia devem ter suas ações limitadas pelos direitos fundamentais. Quanto mais intenso o poder da organização privada

---

[62] SARMENTO, Daniel. **Direitos Fundamentais e Relações Privadas**. Rio de Janeiro: Lumen Iuris, 2004. p. 311

maior peso terá o direito fundamental que porventura venha a ser violado por suas ações."[63]

2.2 Práticas abusivas e violação ao CDC

Nas relações desiguais podem ocorrer condutas abusivas, em que o sujeito detentor do poder coloca a outra parte em situação de sujeição. Diante disso, são necessárias normas protetivas, como é o caso do Código de Defesa do Consumidor. No que tange ao superendividamento, cabe ressaltar que a relação creditícia é uma relação de consumo, nos termos do art. 2º e 3º do CDC. No entanto, mesmo diante da redação do art. 3º § 2º do CDC e da súmula 297 do STJ, foi levada ao STF a discussão sobre a aplicação do CDC às relações bancárias e financeiras.

Após a decisão pelo Supremo Tribunal Federal na Ação Direta de Inconstitucionalidade 2591, em 2006, encerrou-se tal discussão, reconhecendo-se, de forma incontroversa, a aplicabilidade do Código de Defesa do Consumidor às instituições financeiras. Assim, "no que tange à contratação de crédito, as principais garantias de proteção do consumidor encontram-se em

---

[63] PEREIRA, Jane Reis Gonçalves. Apontamentos sobre a aplicação das normas de direito fundamental nas relações jurídicas entre particulares. In: BARROSO, Luís Roberto (Org.). **A Nova Interpretação Constitucional**: Ponderação, Direitos Fundamentais e Relações Privadas. 3. ed. Rio de Janeiro: Renovar, 2008. p. 189

disposições do Código de Defesa do Consumidor e nas cláusulas gerais protetivas das relações contratuais do Código Civil, como as normas contra a lesividade, a onerosidade excessiva, bem como o dever de boa-fé. De fato, o reconhecimento, pela jurisprudência, da aplicação do Código de Defesa do Consumidor aos contratos bancários teve papel relevante para que o consumidor de crédito ofertado por instituições financeiras pudesse ser protegido contra cláusulas abusivas e propaganda abusiva ou enganosa (art. 37)."[64]

No Brasil, com a estabilidade monetária e o aumento da renda das famílias, houve a ampliação do consumo. No entanto, tal ampliação também decorreu da expansão do crédito, fazendo com que os consumidores utilizem o crédito que lhe é posto à disposição pelas mais diversas formas (cartão de crédito, cheque especial, crédito consignado, entre outros) para adquirir bens e serviços.

A par dos benefícios da expansão do crédito, em que as pessoas podem consumir sem as limitações impostas por sua renda, a concessão indiscriminada de crédito acaba por ser uma das formas de fomento ao superendividamento dos consumidores. Ainda que sem regulamentação específica sobre o superendividamento, o Código de Defesa do Consumidor tem aplicabilidade direta em algumas questões relevantes para o consumidor superendividado.

---

[64] PORTO, Antonio José Maristrello. SAMPAIO, Patrícia Regina Pinheiro. Uma visão regulatória da prevenção e tratamento do superendividamento no Brasil. In: PORTO, Antonio José Maristrello. CAVALLI, Cássio. LUKIC, Melina de Souza Rocha; SAMPAIO, Patrícia Regina Pinheiro. (Org). **Superendividamento no Brasil.** Curitiba: Juruá, 2015. P. 152-153

Entre eles, destacam-se os art. 6°, IV; art. 43; art. 46; art. 49; art. 51, IV; art. 52 e art. 54 do aludido diploma legal.

A partir do momento que o crédito é considerado um bem de consumo e pode-se entender e firmar um raciocínio bastante lógico das possíveis causas que levam alguns consumidores ao colapso de suas finanças pessoais, se enquadrando num perfil de superendividamento. A oferta de crédito de forma inadequada contribui de forma significativa para situações de superendividamento em todo o mundo.

Além disso, o custo do crédito é elevado e, ainda com o Código de Defesa do Consumidor, encontram-se algumas dificuldades na proteção do consumidor, como apontado por Cavalli e Ferreira[65]. Uma das dificuldades na regulação do custo do crédito e que incialmente foi alvo de controvérsias constituiu na redação original do art. 192, § 3°, da Constituição Federal, que previa que a taxa máxima de juros permitida no país seria de 12% (doze por cento) ao ano, sob pena de caracterização do crime de usura. No entanto, a jurisprudência dos tribunais superiores, ao analisar o caso, entendeu que as instituições financeiras não estavam limitadas a cobrar juros de 12% ao ano, sendo-lhes autorizada a contratação de valores superiores, a depender de fatores macroeconômicos e de oscilações do mercado.

---

[65] CAVALLI, Cássio. FERREIRA, Rafael. Matriz de equivalentes funcionais da falência pessoal no direito brasileiro. In: PORTO, Antonio José Maristrello. CAVALLI, Cássio. LUKIC, Melina de Souza Rocha; SAMPAIO, Patrícia Regina Pinheiro. (Org). **Superendividamento no Brasil**. Curitiba: Juruá, 2015.

Essa limitação prevista constitucionalmente posteriormente foi retirada do ordenamento jurídico por meio da Emenda Constitucional 40, de 2003. Já o Código de Defesa do Consumidor possui norma explícita elencando as informações mínimas que necessitam constar em contratos de oferta de crédito. No entanto, o Superior Tribunal de Justiça entende que a abusividade de cláusulas constantes de contratos bancários não pode ser declarada de ofício pelo juiz, dependendo de expresso requerimento da parte interessada, conforme redação da súmula 381.

Isto demonstra que, ainda que amparado por norma protetiva, o consumidor encontra dificuldades. Ademais, as fornecedoras de crédito se beneficiam com a ausência de um limite aos juros cobrados pelas instituições financeira e a possibilidade de prática do anatocismo, em consonância com a súmula 539 do STJ.

O Banco Central do Brasil, atento a essas questões, editou a resolução 3.258, de 28 de janeiro de 2005, que visa regular a atividades dos bancos comerciais, ou seja, àqueles destinado ao grande público, classificado também como bancos de varejo. Em tal norma, o Banco Central estabeleceu que "É vetado ao banco comercial: (...) b) realizar operações que não atendam aos princípios de seletividade, garantia, liquidez e diversificação de riscos".

Com a edição de tal norma, o objetivo do Banco Central é bem claro: evitar o colapso e grau de endividamento sucessivo da sociedade, evitando a transformação da ciranda financeira num jogo de especulação sem limites, com práticas agressivas no mercado sem regras, sempre objetivando lucros máximos e com grandes riscos para a saúde financeira do país. Mais do que isso, o Banco Central, através desses princípios pretende dar maior garantia e estabilidade às negociações financeiras tanto por parte do credor quanto do tomador.

Algumas instituições, objetivando suas metas de produção e vendas, em certos casos negligenciam uma análise detida. Uma análise séria é considerada como uma prática recomendada a ser feita durante a negociação de concessão de crédito: a análise de diversificação de riscos. Ou seja, antes de ceder crédito a alguém, toda instituição financeira legalmente constituída deveria avaliar os riscos desse empréstimo. Deste exame, defluirá certo número de variáveis que sinalizaram para a concessão ou não do crédito com garantias de retorno desse investimento.

Na verdade, a ausência de análise ou a análise insuficiente é a regra. Muitas instituições fornecem crédito de forma irrestrita, que além de não ter garantias de retorno desse investimento acabam por causar uma situação irreal de saúde financeira daquele indivíduo. A instituição financeira, fornecendo de forma inadequada o crédito, sem atentar os princípios de seletividade, garantia, liquidez lesa o consumidor, que, muitas vezes, imbuído na ilusão do "dinheiro rápido e fácil" perde o controle de sua própria situação financeira, e, quando percebe, já está superendividado.

No tocante às operações de fornecimento de crédito, se faz necessária a avalição casuística pelo fornecedor no momento da concessão do crédito. O Código de Defesa do Consumidor impõe ao fornecedor o dever de informar e o fornecedor de crédito é a instituição técnica e especialista nestas operações. Assim, por ser especialista, deve atuar de forma mais ampla e garantida na prestação do seu serviço. A instituição creditícia tem o dever de informar ao cliente não somente o que se está contratando, mas também se dentro do perfil do cliente e seus anseios essa é uma boa ou má opção, mesmo que isso signifique fazer um negócio menos rentável.

A instituição financeira, tem o dever de informar ao cliente que a escolha feita não é a mais indicada, visto que é especialista no assunto, o que hoje na maioria dos casos não ocorre. Logo, agindo de forma diversa, a ações da omissão ou simples mau aconselhamento já gera a quebra da boa-fé objetiva (art 4º, III e 51, IV). O Código de Defesa do Consumidor, em seu art. 4º, I, presume a vulnerabilidade do consumidor. A vulnerabilidade é derivada da igualdade, mas diferencia-se dela por ser "um estado da pessoa, um estado inerente de risco"[66].

De fato, os consumidores de crédito nem sempre são alertados das taxas de juros e montante total do débito quando contraem empréstimos. Muitas das vezes contratam tal serviço imbuídos pela publicidade de crédito fácil que geralmente oferece "dinheiro na hora", "sem burocracia", entre tantas outras chamadas

---

[66] MARQUES, Cláudia Lima; BENJAMIN; Antônio Herman V.; MIRAGEM; Bruno. **Comentários ao Código de Defesa do Consumidor:** arts. 1º a 74: Aspectos Materiais. São Paulo: Editora Revista dos Tribunais, 2003. p. 120

de marketing. Tais dívidas se tornam impagáveis, até mesmo pela técnica utilizada pelas instituições financeiras.

Exemplo disso é a modalidade de empréstimo "consignado" que é feito através de um contrato de cartão de crédito. O consumidor visa adquirir empréstimo consignado e a instituição financeira faz um contrato de cartão de crédito, em que o montante a ser pago (através de desconto no contracheque) equivale ao mínimo do suposto cartão, o que implica no refinanciamento eterno do saldo do empréstimo adquirido.

O banco é a instituição técnica e especialista nas operações de fomento e concessão de crédito, logo, deve, por ser especialista, atuar de forma mais ampla e garantida na prestação do seu serviço. A instituição creditícia tem o dever de informar ao cliente não somente o que se está contratando, mas também se dentro do perfil do cliente e seus anseios essa é uma boa ou má opção, mesmo que isso signifique fazer um negócio menos rentável. A informação deve ser fornecida de forma clara e precisa. Informação é essencial para escolha racional e diante dos deveres de solidariedade e boa-fé, quem possui os dados e informações precisas é quem deve fornecê-las.

O Código de Defesa do Consumidor, em seu art. 30, traz a proteção contra o marketing agressivo, vinculando o fornecedor a oferta. Para tanto, a oferta deve ser clara, em especial nos contratos de crédito. Tanto é assim que no fornecimento de produtos ou serviços que envolva outorga de crédito ou concessão de financiamento ao consumidor, o art. 52, II do CDC que determina que fornecedor deverá, entre outros requisitos, informar ao consumidor, de forma prévia e adequada, sobre montante dos juros de mora e da taxa efetiva anual de juros. O mesmo artigo, no inciso V, traz o dever de informar a soma total a pagar, com e sem financiamento. Os dispositivos não são adequadamente aplicados, talvez por não impor uma sanção específica como, por exemplo, a retirada dos juros e demais encargos não informados.

Em muitos desses contratos, há uma oferta de crédito de forma irresponsável pela fornecedora, que não avalia a possibilidade de adimplemento do consumidor e não informa dos juros que estão sendo praticados. Com isso, muitas fornecedoras de crédito encontram facilidade na imposição de juros abusivos a quem não pode sequer pagar os juros mínimos, e, muitas das vezes, não possui condições de quitar nem mesmo o principal tomado.

O Código de Defesa do Consumidor garante como direito básico em seu art. 6º, III, a informação adequada e clara sobre os diferentes produtos e serviços, com especificação correta de quantidade, características, composição, qualidade, tributos incidentes e preço, bem como sobre os riscos que apresentem. Neste sentido, aliado ao princípio da boa-fé objetiva, cabe à fornecedora não só informar de forma clara e objetiva, mas também aconselhar o consumidor sobre o serviço que está sendo oferecido. "São inúmeros os exemplos de oferta contendo verdadeiras armadilhas ao consumidor, quer por anunciar um serviço "gratuito", com taxas de juros embutidas ou não informada, quer por agravar seriamente a situação de devedores endividados, diante da concessão de crédito sem as devidas garantias, principalmente se já se encontra em situação de inadimplência. Isso porque as instituições financeiras devem informar-se e exigir as garantias cabíveis no momento da concessão do crédito, sob pena de responderem civilmente pela má concessão do crédito."[67]

O exercício do dever de informação e de aconselhamento, caso atendido fielmente pelas instituições financeiras, seria implementado através da orientação ao consumidor. Tal orientação deveria ocorrer primordialmente na oportunidade em que o consumidor firma o contrato de concessão de crédito, com a elaboração do cálculo apurador do montante da dívida contraída, projetando os custos efetivos do débito de forma clara ao entendimento do devedor.

O consumidor brasileiro não possui capacitação financeira, sendo, em sua esmagadora maioria, hipossuficiente técnico no tema. As fornecedoras de crédito, ao revés, detêm as informações e o conhecimento nas questões financeiras e econômicas. Não é novidade que muitos fornecedores estudam o comportamento do consumidor de forma a maximizar seus lucros. Economistas comportamentais, como apontam Porto e Butelli[68], buscam

---

[67] SAMPAIO, Marília de Ávila e Silva. A garantia dos direitos de personalidade, a proteção do devedor superendividado no Brasil e a proposta de alteração do CDC. In: ANDRIGHI, Fátima Nancy (Coord.). **Responsabilidade Civil e inadimplemento no direito brasileiro**. São Paulo: Atlas, 2014. P. 228

[68] PORTO, Antonio José Maristrello. BUTELLI, Pedro Henrique. O

identificar a racionalidade do comportamento do consumidor e identificar vícios comportamentais que acabam sendo utilizados pelas companhias de cartão de crédito, como forma de aumentar os lucros.

Conforme pontuam Porto e Butelli[69], os "cientistas comportamentais apontam para indícios de ilusões cognitivas (desvios e/ou vícios) e atalhos mentais (métodos heurísticos), que desafiam a perspectiva econômica clássica." Como exemplo de comportamento apontado pelos autores, com base na economia comportamental, há o chamado "desvio de excesso de confiança" (*overconfidence bias*), em que os indivíduos tendem a ser demasiadamente otimistas e confiantes em relação à sua própria suscetibilidade a riscos.

Em uma situação de superendividamento, o risco é que o consumidor acredite, mesmo sem ter a disponibilidade presente de pagamento, em uma possibilidade futura de adimplemento dos débitos assumidos. Tal desvio denota como o consumidor, mesmo superendividado, ainda busca crédito para pagar o débito anterior, aumentando o montante devido na confiança de que irá conseguir adimplir. No entanto, a fornecedora de crédito detém o

---

superendividado brasileiro: uma análise introdutória e uma nova base de dados. In: PORTO, Antonio José Maristrello. CAVALLI, Cássio. LUKIC, Melina de Souza Rocha; SAMPAIO, Patrícia Regina Pinheiro. (Org). **Superendividamento no Brasil**. Curitiba: Juruá, 2015. p. 34-35

[69] PORTO, Antonio José Maristrello. BUTELLI, Pedro Henrique. O superendividado brasileiro: uma análise introdutória e uma nova base de dados. In: PORTO, Antonio José Maristrello. CAVALLI, Cássio. LUKIC, Melina de Souza Rocha; SAMPAIO, Patrícia Regina Pinheiro. (Org). **Superendividamento no Brasil**. Curitiba: Juruá, 2015. p. 30-35

conhecimento atuarial para identificar que tal comportamento e inclusive fomentá-lo, já ciente da facilidade em celebrar um novo contrato com o consumidor superendividado.

Nestes casos, o consumidor, sem a real necessidade do montante do débito, acaba por muitas vezes contratando um crédito novo para adimplir créditos já vencidos, e para pagar aquele acaba por contratar novamente, em um ciclo vicioso. Muitos consumidores que utilizam o crédito consignado, buscam refinanciar o crédito, tomando novo empréstimo ou novando o crédito anterior, como forma de readequar no seu orçamento o valor da parcela mensal descontada em folha. No entanto, tal readequação importa no acréscimo do valor total devido e sua dilação no tempo.

Importa salientar que a publicidade deve fornecer conteúdo informativo pois, além de meio de persuasão, é meio de informação. Tais conteúdos devem sempre observar o respeito aos princípios da informação e veracidade. Neste sentido, é necessária a coibição de publicidade que incite o crédito irresponsável ou se prevaleçam da vulnerabilidade do consumidor. Em relação ao dever de informação, é interessante notar a regulamentação específica praticada na União Europeia.

Como informam Porto e Sampaio[70], no âmbito comunitário, a Diretiva 2008/48/CE do Parlamento Europeu e do Conselho sobre

---

[70] PORTO, Antonio José Maristrello. SAMPAIO, Patrícia Regina Pinheiro. Uma visão regulatória da prevenção e tratamento do superendividamento no Brasil. In: PORTO, Antonio José Maristrello. CAVALLI, Cássio. LUKIC, Melina de Souza Rocha; SAMPAIO, Patrícia Regina Pinheiro. (Org). **Superendividamento no**

contratos de crédito aos consumidores apresenta diversas previsões relacionadas ao dever de informar. Nos termos da Diretiva, o mutuante possui a obrigação de prestar várias informações ao consumidor antes de lhe apresentar qualquer oferta de crédito. Além disso, deve avaliar as necessidades e preferências do consumidor e fornecer as informações necessárias a que este possa analisar diferentes ofertas de maneira clara, concisa e utilizando exemplos de taxas fixas e variáveis.

A Diretiva, em seus art. 5º e 6º, prevê ainda que devem ser mencionados o montante total do crédito, as taxas anuais de encargos, a duração do contrato, o preço à vista e o montante para pagamentos diferidos e o montante total imputado ao consumidor e suas prestações. Já o art. 10 estabelece que essas informações devem também constar no próprio contrato de crédito, havendo ainda uma exigência de uniformização no modo de apresentação dessas informações (há um formulário-padrão a ser preenchido), com o objetivo de viabilizar a comparabilidade dentre as ofertas recebidas pelo consumidor. Verifica-se, assim, a presença na regulamentação da União Europeia, de uma série de normas de *disclosure*, que visam reduzir a assimetria de informação entre indivíduo e instituição financeira.

O art. 6º, IV prevê ser direito básico do consumidor a proteção contra métodos comerciais coercitivos ou desleais, ou seja, contra práticas e cláusulas abusivas ou estabelecidas pelos

Brasil. Curitiba: Juruá, 2015. P. 146-147

fornecedores de crédito. Resguardar este direito básico do consumidor tem se tornado um desafio com a banalização da oferta do crédito no Brasil. O "crédito na calçada", o "crédito por telefone", o "clique aqui e libere agora seu crédito (através do internet banking)", entre outras modalidades de acesso ao crédito "rápido, fácil e sem burocracia – sem consulta ao SERASA e SPC" e ofertas parecidas não trazem de forma clara as informações necessárias para a contratação consciente pelo consumidor.

A oferta fácil e desregrada de crédito, vista desse foco, fere e atinge o direito básico do consumidor e, por esta razão, deve ser coibida ou, pelo menos, fiscalizada, com fulcro no art. 6°, IV, do CDC e nos deveres de solidariedade e boa-fé que orientam o ordenamento jurídico. Nesse sentido, a utilização dos bancos de dados poderia ser utilizada como uma das soluções a auxiliar a prevenção do superendividamento, mas da forma que vem sendo utilizado acabam por agravar ainda mais a situação do consumidor. Ao invés de consultar os bancos de dados para a concessão de crédito responsável, as fornecedoras de crédito se valem da informação de que o consumidor se encontra inscrito nos cadastros restritivos para praticar juros em patamares bem mais elevados.

Os cadastros restritivos servem primordialmente para que o fornecedor verifique o risco de insolvência do devedor, além do tipo e montante de crédito apropriado para as necessidades daquela pessoa. Há também os cadastros positivos, regulamentados pela Lei n° 12.414/11, Decreto n° 7.829/12 e a Resolução do Conselho

Monetário Nacional n° 4.172/12. Nestes, as empresas consideram as contas pagas em dia, quando da análise da concessão de crédito para compra a prazo, empréstimo ou financiamento.

O sistema de scoring também passou a ser utilizado para a avaliação de crédito. Pelo scoring, as instituições financeiras dão notas para os consumidores, classificando-os pelo possível risco que eles têm de não pagar suas dívidas. Tal sistema é considerado legal e não necessita do consentimento do consumidor. Neste sentido, a súmula 550 do Superior Tribunal de Justiça dispõe que a utilização de score de crédito, método estatístico de avaliação de risco que não constitui banco de dados, dispensa o consentimento do consumidor, que terá o direito de solicitar esclarecimentos sobre as informações pessoais valoradas e as fontes dos dados considerados no respectivo cálculo.

Mais um dos dispositivos legais que auxilia a prevenção e o tratamento do consumidor superendividado é o art. 51, IV do CDC, um dos artigos que positivou a cláusula geral de boa-fé objetiva no ordenamento brasileiro. A criação pela boa-fé objetiva do dever anexo de cooperação e lealdade admite o reescalonamento da dívida do consumidor a fim de consentir sua quitação de forma a cobrir a sobrevivência digna do cidadão superendividado, bem como a conservar o contrato cativo de longa duração. Atente-se, embora, a possibilidade garantida pelo art. 6°, V, do CDC como direito básico do consumidor de revisão do contrato em casos de onerosidade excessiva, não se olvidando do que garante a lei civil (Código Civil de 2002) no art. 480.

Schimidt Neto[71] alerta sobre o dever do credor de diminuir o próprio prejuízo, ou *duty to mitigate the loss*, na medida em que ao auxiliar o tomador de crédito, o fornecedor garante o reembolso. Além disso, o credor exerce a boa-fé no sentido de lealdade com a outra parte, seguindo a orientação na nova concepção contratual em que as partes estão unidas para um fim comum, qual seja, a execução do contrato conforme o pactuado.

Deste modo, o inadimplemento não pode ser vantajoso para nenhuma das partes e, não o sendo, ambas devem colaborar para que o contrato seja cumprido, inclusive facilitando para que a outra parte cumpra com o que se comprometeu. Não é certo que, em uma relação baseada na confiança, uma nas partes gere uma expectativa infundada na outra. E por isso é tão repreensível que um profissional se aproveite da situação da vulnerabilidade potencializada de um consumidor endividado, para impingir-lhe novos contratos, com o fito de receber novos juros, já que evidentemente aquele consumidor não cumprirá o pactuado no prazo e passará a ser mais um "escravo dos juros", trabalhando apenas para amortizar a dívida. Note-se que os deveres de cooperação, lealdade, vigilância, cuidado, entre outros decorrentes da boa-fé, muito têm a ver com a informação e o aconselhamento.

---

[71] SCHIMIDT NETO, André Perin. **Revisão dos contratos com base no superendividamento: do Código de Defesa do Consumidor ao Código Civil.** Curitiba: Juruá, 2012. P.306-307

Cumpre salientar que o risco de superendividamento aumenta com o uso do cartão de crédito em razão de usas características muito peculiares em relação às tradicionais formas de crédito. No cartão de crédito, a contratação do crédito é simplificada pois o crédito continua a ser concedido pelo fornecedor, após a assinatura do contrato de adesão, sem informações atualizadas sobre a situação financeira do devedor. Ademais, ainda são oferecidos aumentos no limite do cartão sem solicitação prévia, e o pagamento mínimo dá a falsa sensação de quitação quando na verdade apenas amortiza o débito e aumenta os juros dificultando a quitação total da dívida.

Em relação à reiterada prática dos bancos em enviar cartões de crédito não solicitados, cabe salientar a orientação do STJ na súmula 532, que reconhece a prática comercial como abusiva, configurando-se ato ilícito indenizável e sujeito à aplicação de multa administrativa. Importante citar também o art. 47 do CDC, que assegura garantia de informação na hermenêutica de contratos posto que determina a interpretação favorável ao consumidor.

Lima[72] alerta que o crédito consignado tem gerado dados alarmantes, desencadeando um processo de superendividamento intenso dos idosos que já se encontram com a capacidade produtiva reduzida e, no mais das vezes, são os únicos com renda fica na unidade familiar, ficando responsáveis pelo sustento de diversos

---

[72] LIMA, Clarissa Costa de. **O tratamento do superendividamento e o direito de recomeçar dos consumidores.** São Paulo: Editora Revista dos Tribunais, 2014. P.37-38

dependentes. Para a autora, tal modalidade de concessão de crédito da forma que é praticada, corrói a tradição jurídica clássica da intangibilidade, impenhorabilidade salarial, desafiando o direito a exercer seu papel ativo na contenção dos poderes do mercado pela força da aplicação dos direitos fundamentais dos consumidores coma definição de sua existência e liberdade salarial.

Outra prática muito comum é a concessão de empréstimos consignados. Ocorre que o consumidor realiza diversos contratos, às vezes com a mesma instituição financeira, em que o pagamento das parcelas será realizado através de desconto direto em seu contracheque. Com isso, o consumidor fica impossibilitado de utilizar o valor para qualquer outra despesa o que se torna prejudicial quando o montante do valor descontado toma grande parte de seus rendimentos, prejudicando o adimplemento de outras despesas, como alimentação e medicação.

O crédito consignado tem constituído relevante fonte de endividamento da sociedade brasileira, especialmente de servidores públicos e beneficiários do INSS. Porto e Sampaio[73] informam que os dados do Banco Central do Brasil apontam que, entre 2004 e 2011, as operações de crédito consignado aumentaram 760%, enquanto o crescimento das demais formas de operação de crédito a pessoas físicas foi de 199%. Responderam por 85,6% do total

---

[73] PORTO, Antonio José Maristrello. SAMPAIO, Patrícia Regina Pinheiro. Uma visão regulatória da prevenção e tratamento do superendividamento no Brasil. In: PORTO, Antonio José Maristrello. CAVALLI, Cássio. LUKIC, Melina de Souza Rocha; SAMPAIO, Patrícia Regina Pinheiro. (Org). **Superendividamento no Brasil**. Curitiba: Juruá, 2015. P. 151

desses empréstimos servidores públicos, aposentados e pensionistas do INSS, enquanto os contratos celebrados com trabalhadores celetistas representaram apenas 14,4%.

Para evitar abusos, a margem consignável é limitada de modo a impedir que a maior parte dos rendimentos seja direcionado para o pagamento de dívidas. Assim, objetiva-se preservar a dignidade do consumidor e sua família com o respeito a este limite de margem consignável, que atualmente é no montante de 35% conforme alteração promovida pela lei 13.172/2015.

"É interessante observar que a legislação, ao limitar o comprometimento da remuneração do empregado ou servidor a 30% [35% a partir da lei 13.172/2015], não obriga as instituições financeiras negarem crédito adicional aos endividados que já estejam no limite do crédito consignado. Isso significa, na prática, que além de alcançar o limite do crédito consignado, o mesmo indivíduo pode continuar valendo-se das outras formas de financiamento, como cartão de crédito, cheque especial e empréstimos não consignados. Outro ponto de atenção consiste na impossibilidade de desistência, pelo devedor, após ter contratado o empréstimo consignado, isto é, da inexistência de um período de reflexão ou arrependimento, contrariamente ao disciplinado, como visto no direito comunitário europeu"[74]

---

[74] PORTO, Antonio José Maristrello. SAMPAIO, Patrícia Regina Pinheiro. Uma visão regulatória da prevenção e tratamento do superendividamento no Brasil. In: PORTO, Antonio José Maristrello. CAVALLI, Cássio. LUKIC, Melina de Souza Rocha; SAMPAIO, Patrícia Regina Pinheiro. (Org). **Superendividamento no Brasil.** Curitiba: Juruá, 2015. P. 152

O endividamento depende que o consumidor tenha tido acesso ao crédito. Boa-fé, dever de ética e comportamento que não potencialize a falência do consumidor são exigidos das instituições financeiras pela responsabilidade social do credor, já que é o fornecedor que assume o risco do empreendimento. Se a concessão do crédito foi irresponsável, ou seja, para um consumidor que sabidamente não conseguiria adimplir o débito, a fornecedor de crédito é quem assumiu esse risco, devendo arcar com o ônus da sua conduta.

Nessa linha de raciocínio, Porto e Butelli[75] vislumbram a responsabilidade do credor, afinal, foi quem estimulou e permitiu não apenas o consumo, mas também o consumo a crédito. Neste sentido, apontam que a responsabilidade social das empresas é assunto presente no ambiente internacional desde o fim da década de 1990 com a reformulação do papel do Estado e o compartilhamento de responsabilidades sociais com o segundo e terceiro setor. Nesta reorientação do papel das empresas, os autores alertam que a busca pelo lucro não pode ocorrer sem respeitar alguns preceitos, dentre eles, da dignidade da pessoa humana, princípio basilar da Constituição brasileira.

No mesmo sentido, é interessante notar a fundamentação adotada pelo Tribunal de Justiça do Estado do Rio de Janeiro, ao

---

[75] PORTO, Antonio José Maristrello. BUTELLI, Pedro Henrique. O superendividado brasileiro: uma análise introdutória e uma nova base de dados. In: PORTO, Antonio José Maristrello. CAVALLI, Cássio. LUKIC, Melina de Souza Rocha; SAMPAIO, Patrícia Regina Pinheiro. (Org). **Superendividamento no Brasil**. Curitiba: Juruá, 2015. p. 26

manter decisão que indeferiu a penhora on-line na conta de consumidor inadimplente sob o fundamento da impenhorabilidade salarial e da conduta da entidade financeira em conceder crédito de forma irresponsável. "Em um contexto social globalizado e consumista, exige-se das entidades financeiras a concessão responsável do crédito, sendo conduta que atenta contra a boa-fé objetiva (art. 113 CC c/c art. 4º, III CDC) a oferta desmesurada de crédito a quem dá sinais constantes de insolvência e não apresenta quaisquer garantias de pagamento. Com efeito, como decorrência do descumprimento do dever, que cabe à instituição bancária, de perquirir acerca da aptidão financeira do mutuário para o pagamento do crédito concedido, cabe àquela suportar o ônus da inadimplência pelo crédito mal concedido." [76]

Por fim, parte da doutrina[77] defende a possibilidade de revisão contratual nos termos do art. 6º, V do CDC com base na onerosidade excessiva por fato superveniente: o superendividamento. Neste sentido, o superendividamento seria causa típica de incumprimento de contrato pois restaria impossível o pagamento com a respeito aos direitos fundamentais do superendividado, tanto para o superendividado passivo quanto para

---

[76] Decisão no Agravo de Instrumento n.º 0011583-31.2010.8.19.0000 - 5ª CÂMARA CÍVEL - Tribunal de Justiça do Estado do Rio de Janeiro, proferida em 25 de maio de 2010 disponível em <http://www1.tjrj.jus.br/gedcacheweb/default.aspx?UZIP=1&GEDID=0003FFF2 6CFF35F1F78CF747B8549D8CA62AACC40241325C&USER=> acesso em 04 de março de 2017.
[77] SCHIMIDT NETO, André Perin. **Revisão dos contratos com base no superendividamento: do Código de Defesa do Consumidor ao Código Civil.** Curitiba: Juruá, 2012. P.345-362

o ativo, e, para estes últimos, a própria concessão de mais crédito poderia ser encarada como o fato superveniente causador da onerosidade excessiva.

Sendo a prestação duradoura ou periódica, havendo excessiva onerosidade decorrente de superendividamento posterior à contratação e não tendo o consumidor sido o causador da excessiva onerosidade de má-fé, é possível revisar um contrato com base no superendividamento do consumidor na opinião de Schimidt Neto[78]. Tal autor conclui que o consumidor superendividado pode buscar o Judiciário no intuito de renegociar suas dívidas fulcro no art. 6º, inc. V, do Código de Defesa do Consumidor. No entanto, o doutrinador ainda alerta que muito deve ser discutido quanto à modalidade de superendividados que poderiam se valer deste meio para restabelecimento de sua situação financeira.

Mesmo diante de alguns instrumentos protetivos previstos no Código de Defesa do Consumidor, as fornecedoras de crédito reiteradamente praticam condutas abusivas. Assim sendo, é necessária a ampliação da proteção do consumidor superendividado, ressaltando-se não só a tramitação do PL 283 de 2012 sobre a questão como também as iniciativas que já estão sendo praticadas por alguns órgãos, como será abordado nos próximos itens.

---

[78] SCHIMIDT NETO, André Perin. **Revisão dos contratos com base no superendividamento: do Código de Defesa do Consumidor ao Código Civil.** Curitiba: Juruá, 2012. P.361

3. A DEFESA DO CONSUMIDOR SUPERENDIVIDADO

3.1 Antecedentes históricos na regulamentação do devedor insolvente

O tratamento para o devedor insolvente remonta desde o Direito Romano. Battello[79] aponta que na Roma antiga já havia a concessão de crédito através de venda a prazo ou empréstimos de consumo. Tais débitos obrigavam não só o devedor, mas sua família e seus bens, sendo o inadimplemento considerado uma espécie de delito na Lei das XII Tábuas (450 a. C.).

Nesta lei era permitida a apropriação pelo credor da pessoa do devedor e seus bens. Tal apropriação admitia, em última análise, a perda dos direitos civis, dando ao credor o direito de matar o devedor ou vende-lo como escravo. Com a *Lex Poetelia Papiria* (428 a. C.), extinguiu-se a obrigação pessoal nestes casos, mas o Direito Romano continuou em evolução, desenvolvendo-se para possibilitar o tratamento igualitário entre credores e devedores. Conforme sintetiza Battello: "Destacam-se nessa evolução a

---

[79] BATTELLO, Silvio Javier. A (in)justiça dos endividados brasileiros: uma análise evolutiva. In: MARQUES, Cláudia Lima; CAVALLAZZI, Rosângela Lunardelli. (Coord.) **Direitos do Consumidor endividado:** superendividamento e crédito. São Paulo: Editora Revista dos Tribunais, 2014. P. 212-214

bonorum venditio (venda de bens), que determinava a venda em bloco dos bens do devedor; a *bonorum cessio*, criada pela Lex Julia, que estava destinada ao devedor infeliz, cuja impossibilidade de pagar não advinha de truculência ou improbidade, mas do infortúnio de seus negócios, possibilitando-lhe que se liberasse de suas obrigações, abandonando seu patrimônio entre os credores; e uma série de soluções pré-concursais que foram aparecendo mais adiante, como *literae s. induciae quinquennales,* por serem outorgadas por cinco anos e a espera ou dilação concedida pelos próprios credores." [80]

No entanto, com a queda do Império Romano houve, de certa forma, um retrocesso no tratamento legal dado aos insolventes durante a Idade Média. No direito visigótico, por exemplo, era possível a prisão por dívidas e a morte civil do devedor. Além disso, não dispunha de um sistema de concurso de credores, o que já existira no Direito Romano. No entanto, a evolução da legislação sobre o tema só foi retomada com o reaparecimento dos estudos do direito romano e com o aumento da atividade comercial no período compreendido entre os anos de 1050 e 1200, conforme elucida Battello[81].

---

[80] BATTELLO, Silvio Javier. A (in)justiça dos endividados brasileiros: uma análise evolutiva. In: MARQUES, Cláudia Lima; CAVALLAZZI, Rosângela Lunardelli. (Coord.) **Direitos do Consumidor endividado:** superendividamento e crédito. São Paulo: Editora Revista dos Tribunais, 2014. P. 214

[81] BATTELLO, Silvio Javier. A (in)justiça dos endividados brasileiros: uma análise evolutiva. In: MARQUES, Cláudia Lima; CAVALLAZZI, Rosângela Lunardelli. (Coord.) **Direitos do Consumidor endividado:** superendividamento e crédito. São Paulo: Editora Revista dos Tribunais, 2014. P. 217

No Brasil, a legislação evoluiu de forma a regular a situação do devedor empresário, o que não se verificou na situação do devedor não empresário. No Brasil do século XIX foram aplicadas as Ordenações Filipinas e a Lei da Boa Razão. Conforme observa Battello[82], o Regulamento 737, destinado a regular as causas comerciais, também era aplicado às questões civis em geral, assegurando-se a *par contictio creditorum* aos devedores não empresários.

Diante da ausência de regulamentação, Teixeira de Freitas redigiu em seu projeto de Código Civil, denominado de Esboço, na "Parte Especial", entre "Disposições comuns – Reais e pessoais" artigos que regulamentariam a questão dos devedores. Sobre a insolvência do devedor, destaca-se o art. 833, assim redigido: "Art. 833. Se o devedor não tivér bens sufficientes para o pagamento de suas dividas, tem logar entre os credôres chirographarios preferencia, ou rateio."[83] Como é cediço, o Esboço for rechaçado por ser considerado muito audacioso para a época. Em seu lugar, foi promulgado o Código Civil de 1916, com inspiração na legislação alemã e francesa.

O Código Civil de 1916 não trouxe nenhuma evolução em relação aos endividados não-comerciantes, tratando-se dos mesmos

---

[82] BATTELLO, Silvio Javier. A (in)justiça dos endividados brasileiros: uma análise evolutiva. In: MARQUES, Cláudia Lima; CAVALLAZZI, Rosângela Lunardelli. (Coord.) **Direitos do Consumidor endividado:** superendividamento e crédito. São Paulo: Editora Revista dos Tribunais, 2014. P. 221-223

[83] FREITAS, Augusto Teixeira de. Consolidação das leis civis. Ed fac-sim. - Brasília: Senado Federal, Conselho Editorial, 2003. P. 500

nos artigos 1.554 a 1.571, sob o Título "do concurso de credores". Em relação à legislação processual civil, o Código de Processo Civil de 1939 não modificou a tradição advinda do direito português com o regulamento 737. Desta forma, aplicava-se a falência para o comerciante e o concurso e credores para o devedor civil.

Já com o Código de Processo Civil de 1973, os endividados civis passaram a ter um tratamento que se aproximou da forma que já eram tratados os devedores comerciantes. O aludido diploma tratou da insolvência civil no título "da execução por quantia certa contra devedor insolvente", nos artigos 748 a 786-A. Ressalte-se que tais dispositivos ainda estão em vigor, até a edição de uma lei específica, nos termos do art. 1.052 do Novo Código de Processo Civil. A utilização da insolvência civil aos casos de superendividamento será abordada no item a seguir.

Ainda no que tange à regulamentação do devedor insolvente, é interessante notar que a Federação brasileira dos Bancos implantou o Sistema de Autorregulação Bancária desde 2007. O Código de Autorregulação bancária[84] estabelece princípio do respeito ao consumidor em seu art. 5, II. De acordo com tal artigo, as instituições devem "conceder crédito de forma responsável e incentivar o uso consciente do crédito". No mesmo documento, o Princípio da Comunicação Eficiente em seu art. 5, III, em que as instituições bancárias devem "fornecer informações de forma

---

[84]Disponível em <http://cms.autorregulacaobancaria.com.br/Arquivos/documentos/PDF/Codigo%20de%20AR%20vigente.pdf> acesso em 14 de junho de 2019.

precisa, adequada, clara e oportuna, proporcionando condições para o consumidor tomar decisões conscientes e bem informadas".

Mais recentemente, normativo SARB 010/2013[85] denominado "Normativo de Crédito Responsável" estabelece um programa com diretrizes e orientações que devem nortear os procedimentos a serem adotados por seus signatários no relacionamento com consumidores pessoas físicas, em operações de crédito.

"Destaca-se, nesta norma, a obrigação de as instituições financeiras mencionarem, além do valor das prestações, o prazo da operação de crédito e o Custo efetivo total, i.e., a soma total a pagar e a taxa efetiva mensal e anual de juros (art. 3º, § 3º, I – IV). Os bancos igualmente se comprometem à verificação e adequação da oferta do crédito à realidade econômica do consumidor, devendo zelar para que o produto ofertado seja adequado à capacidade de pagamento do contratante com base em todas as informações legalmente disponíveis a instituição financeira nos bancos públicos e privados de crédito (art. 6). Há também a previsão de que o consumidor deva ter à sua disposição informações sobre produtos semelhantes que possam ser de seu interesse, com todas as informações relevantes para que esse esteja em condições de selecionar o produto mais adequado à sua vontade (Art. 13)." [86]

---

85 Disponível em <http://cms.autorregulacaobancaria.com.br/Arquivos/documentos/PDF/Normativ o%20010.pdf > acesso em 14 de junho de 2019
86 PORTO, Antonio José Maristrello. SAMPAIO, Patrícia Regina Pinheiro. Uma visão regulatória da prevenção e tratamento do superendividamento no Brasil. In:

Há, neste documento, menção expressa sobre os consumidores superendividados nos art. 16 a 20. Dentre eles, destaca-se a possibilidade de realização de mutirões extrajudiciais e judiciais para o atendimento dos consumidores nesta situação, inclusive em parcerias, conforme art. 16.

Além disso, é interessante notar que o art. 17[87] contempla a possibilidade de remissão total ou parcial de juros de mora entre outros encargos, mediante a apresentação de um plano de renegociação, no caso do consumidor superendividado se encontrar na impossibilidade superveniente de adimplemento sem a garantia de um mínimo existencial, por motivo de desemprego, doença grave ou morte do devedor ou membro de seu núcleo familiar.

Tal normativo ainda prevê que o tratamento de consumidores superendividados com várias instituições será objeto de normativo específico. Ademais, prevê que as instituições bancárias adotem medidas de transparência e confiança no tratamento dos superendividados. Tais medidas incluem, de acordo

---

PORTO, Antonio José Maristrello. CAVALLI, Cássio. LUKIC, Melina de Souza Rocha; SAMPAIO, Patrícia Regina Pinheiro. (Org). **Superendividamento no Brasil**. Curitiba: Juruá, 2015. P. 153-154

[87] Art. 17 O desemprego, a doença grave ou a morte do devedor ou de membro do seu respectivo núcleo familiar, superveniente ao contrato de crédito celebrado, quando importarem na impossibilidade de adimplemento das obrigações, sem prejuízo de um mínimo existencial e inexistirem bens disponíveis para a sua liquidação, configurarão o superendividado com tratamento prioritário. Parágrafo único. Nos casos previstos neste artigo, os Signatários apresentarão planos de renegociação que contemplarão alternativa ou cumulativamente, entre outras, a critério de cada Instituição Financeira, a remissão, total ou parcial: I – dos juros de mora; II – da correção monetária; III – dos juros compensatórios; ou IV – da Comissão de Permanência.

com o parágrafo único do art. 19, "a entrega de documento em que constem, de modo claro, preciso e expresso, as informações relacionadas ao crédito contratado e o total do débito com a demonstração de todos os valores lançados e devidos pelo consumidor"

Outro documento que demonstra a preocupação com a questão do consumidor superendividado é a Declaração de Salvador, redigida em 2009 no âmbito do Comitê Técnico n. 7 do Mercosul. Tal declaração estabeleceu uma lista de princípios de proteção contra o superendividamento, sendo relevante, ainda que uma Declaração no âmbito do Mercosul não constitua norma cogente aos Estados-membros.

A preocupação de tal declaração é reconhecer a importância de se assegurar e dar efetividade de certos direitos do consumidor superendividado. Entre eles, destacam-se o direito do consumidor de ser protegido contra toda publicidade enganosa, inclusive as que fazem alusão a "crédito gratuito" e o direito do consumidor de ser protegido contra a concessão irresponsável de crédito. Relevante também é a necessidade de garantir direito do consumidor de se arrepender nos contratos de crédito ao consumo, em período determinado, possibilitando-lhe desistir do contrato firmado sem necessidade de justificar o motivo e sem qualquer ônus.

A declaração apresenta vários elementos semelhantes à Diretiva europeia de 2008, como proteções relacionadas à publicidade e direito de arrependimento. Neste sentido, Porto e

Sampaio[88] informam que a declaração prevê o direito de o consumidor proteger-se contra práticas abusivas que visem a explorar sua ignorância, bem como veda publicidade que procure ocultar os ônus os riscos da contratação do crédito. O mutuante é obrigado a informar ao consumidor todas as taxas, juros, prazos, custo total do crédito, assim como as características essenciais de cada modalidade contratual, a fim de que o consumidor possa fazer uma decisão informada. Isto porque além das normas que regulam a oferta do crédito, a Declaração possui um objetivo o desenvolvimento de instituições e políticas públicas para a educação financeira e a conscientização dos consumidores.

A Declaração prevê ainda a necessidade de se assegurar o direito do consumidor que se encontra em situação de superendividamento à renegociação das parcelas mensais, para ter preservado o seu mínimo existencial, com fundamento no princípio da dignidade da pessoa humana. Por fim, a declaração inova estabelecendo o direito do consumidor de ter o princípio do "empréstimo responsável" respeitado pelo fornecedor, tendo inclusive direito à reparação civil em caso de sua não observância.

---

[88] PORTO, Antonio José Maristrello. SAMPAIO, Patrícia Regina Pinheiro. Uma visão regulatória da prevenção e tratamento do superendividamento no Brasil. In: PORTO, Antonio José Maristrello. CAVALLI, Cássio. LUKIC, Melina de Souza Rocha; SAMPAIO, Patrícia Regina Pinheiro. (Org). **Superendividamento no Brasil.** Curitiba: Juruá, 2015. P. 154-155

3.2 A insolvência civil e o PL 283 de 2012

Em que pese a importância da questão do superendividamento, não há hoje no Brasil uma lei específica para a regulamentação da questão. Tramita o Projeto de Lei nº 283 de 2012 que visa alterar o Código de Defesa do Consumidor para disciplinar de forma específica a questão do consumidor superendividado.

O consumidor superendividado encontra-se em situação de insolvência, ou seja, suas dívidas excederem à importância de seus bens. Deste modo, enquadra-se no conceito de insolvência civil, disposto no art. 748 do Código de Processo Civil de 1973, ainda em vigor por força do art. 1.052 do Código de Processo Civil de 2015. A princípio, tal procedimento disciplinaria um processo análogo ao falimentar, com um concurso universal de todos os credores sobre todos os bens do devedor. No entanto, cabe ressaltar que ainda que análogo, muitas são as diferenças entre o procedimento previsto na lei de falências e o da insolvência civil.

Como bem apontado por Neves[89], apesar da existência de dois regulamentos procedimentais, é indispensável um diálogo de fontes entre o Código de Processo Civil e a Lei 11.101/2005. Tal autor informa que é preciso ter cuidado nessa transposição,

---

[89] NEVES, Daniel Amorim Assumpção. **Manual de direito processual civil**. 8ed. Salvador: Juspodivum, 2016. P 1667

apontando as diferenças entre a insolvência civil e a falência. Nesse tocante, ressalta que o procedimento de insolvência civil é uma faculdade do insolvente, enquanto a autofalência é um dever do empresário. Além disso, a sentença declaratória na falência não estipula um termo legal de quebra e tem efeitos *ex nunc*. A inexistência na insolvência civil de previsão expressa de instrumentos processuais para desconstituir negócios jurídico em fraude praticados antes da declaração de insolvabilidade e existência de classificação de créditos na falência também são apontadas pelo autor.

Nos sistemas de *Civil Law*, as instituições falimentares têm, em regra, aplicação apenas aos empresários. O direito brasileiro tradicionalmente não foge a tal regra, tanto que a Lei 11.101/05 é de aplicação exclusiva aos empresários e sociedades empresárias, conforme determina seu artigo 1º, assim como era na legislação anterior, o DL 7661/45, que tratava da falência do comerciante. Em razão da ausência de regulamento acerca da falência pessoal, o Código de Processo Civil de 1973 dispôs normas de insolvência civil, com um viés voltado mais para a satisfação dos credores do que de proteção do devedor.

Nos termos do art. 750 do CPC/73 a situação de insolvência é presumida quando o devedor não possuir outros bens livres e desembaraçados para nomear à penhora ou os seus bens tiverem sido objeto de arresto do art. 813 CPC/73. Para obter a declaração de insolvência civil, o requerimento pode ser apresentado pelo próprio devedor, por qualquer credor quirografário, ou pelo inventariante do espólio do devedor, nos termos do art. 753 CPC/73.

Se apresentado pelo credor, ele tem que apresentar título judicial ou extrajudicial, nos termos do art. 754. Em sendo requerido pelo próprio devedor, o mesmo tem que indicar a relação nominal de todos os credores e seus endereços, bem como da importância e da natureza dos respectivos créditos.

Deve também proceder à individuação de todos os bens, com a estimativa do valor de cada um e apresentar um relatório do estado patrimonial, com a exposição das causas que determinaram a insolvência. Embora a lei diga que a insolvência é declarada por sentença, parte da doutrina entende que tal provimento é constitutivo, criando uma nova situação jurídica a partir de então. "É dominante o entendimento segundo o qual o provimento de que aqui se trata tem eficácia constitutiva. Este posicionamento se firma no fato de que o provimento que afirma a insolvência do devedor não se limita a este acertamento, mas – e como consequência dele – cria uma nova situação jurídica, o *status* de insolvente. (...) Tal conclusão decorre, mesmo, dos requisitos essenciais da insolvência civil, já analisados. Como visto, a insolvência civil exige três requisitos: um pessoal (devedor não-empresário), um econômico (passivo maior que ativo) e um jurídico (a declaração judicial da insolvência)." [90]

---

[90] CAMARA, Alexandre Freitas. **Lições de Direito Processual Civil**. Volume II.

A insolvência civil produz efeitos relevantes: ocorrerá o vencimento antecipado de todas as dívidas do devedor, importará na arrecadação de todos os seus bens que sejam suscetíveis de penhora e, realizará o concurso universal dos seus credores, conforme art. 751 do CPC/73. Com isso, fica o devedor insolvente impedido de administrar os seus bens até a liquidação total das suas dívidas, nos termos do art. 752 do CPC/73.

Ademais, se liquidada a massa sem que tenha sido efetuado o pagamento integral a todos os credores, o devedor insolvente continua obrigado pelo saldo, nos termos do art. 774 do CPC/73. Pelo pagamento destes saldos, respondem os bens penhoráveis que o devedor adquirir, até que se declare a extinção das obrigações conforme determinado pelo art. 775 do CPC/73. Por fim, somente consideram-se extintas todas as obrigações do devedor, decorrido o prazo de 5 anos, contados da data do encerramento do processo de insolvência.

Porto e Sampaio[91] apontam que a insolvência civil se encontra bastante atrelada à tentativa de proteção dos direitos dos credores. Fundamentam tal constatação no efeito de vencimento antecipado de todas as dívidas e na perda dos direitos de administração dos bens por parte do devedor insolvente. Apontam

---

13 Ed. Rio de Janeiro: Lumen Juris, 2006. P. 386-387
[91] PORTO, Antonio José Maristrello. SAMPAIO, Patrícia Regina Pinheiro. Uma visão regulatória da prevenção e tratamento do superendividamento no Brasil. In: PORTO, Antonio José Maristrello. CAVALLI, Cássio. LUKIC, Melina de Souza Rocha; SAMPAIO, Patrícia Regina Pinheiro. (Org). **Superendividamento no Brasil.** Curitiba: Juruá, 2015. P161

ainda que o longo prazo entre a propositura da ação e o momento em que o devedor conseguirá liberar-se das dívidas remanescentes, que não tiverem sido pagas durante o concurso de credores evidenciam que o enfoque é a proteção do credor sem considerar seus efeitos para o devedor.

Deste modo, com um procedimento longo e que retira do devedor a administração de seus bens, a insolvência civil não se mostrou o meio mais eficaz de proteção ao consumidor superendividado. Frise-se que, em nenhum momento, é dada uma recuperação do crédito, com a exclusão dos cadastros restritivos e outras medidas de reinserção econômica. Ao revés, o devedor fica ainda mais excluído, pois lhe é retirada a administração de seus bens e nomeado um administrador.

Porto e Sampaio[92] informam que questionamentos têm sido levantados envolvendo aspetos gerais da insolvência civil no Brasil, o que vem incitando discussões também de ordem político-legislativa. Neste sentido apontam que o procedimento de declaração de insolvência civil apresenta-se complexo, tanto que requer a assistência de advogado e, para o devedor, trará solução apenas em muito longo prazo. Isto porque somente após encerrada a fase de execução do patrimônio arrecadado para satisfação dos credores começa a fluir o prazo de cinco anos para cancelamento

---

[92] PORTO, Antonio José Maristrello. SAMPAIO, Patrícia Regina Pinheiro. Uma visão regulatória da prevenção e tratamento do superendividamento no Brasil. In: PORTO, Antonio José Maristrello. CAVALLI, Cássio. LUKIC, Melina de Souza Rocha; SAMPAIO, Patrícia Regina Pinheiro. (Org). **Superendividamento no Brasil.** Curitiba: Juruá, 2015. P161-162

das dívidas. Assim, os benefícios ao devedor, como, por exemplo o cancelamento da dívida, só são efetivados em longo prazo, o que possivelmente desestimula a propositura de ações judiciais, pelo devedor, visando à declaração de insolvência civil.

Não há um procedimento prévio de tentativa de recuperação, ainda que extrajudicial. Disponibiliza-se apenas uma solução judicial e drástica para, ao final de um longo período, declarar extinto os débitos e reabilitar o devedor para a prática dos atos da vida civil. Para os credores o procedimento também não se mostra vantajoso posto que o processo é longo e dispendioso e com ele dificilmente os credores receberão seus créditos.

No processo de insolvência civil, os credores são organizados em um quadro geral de credores, os eventuais bens arrecadados são alienados e o produto da alienação será utilizado para pagar os credores relacionados. Todos os bens que o devedor vier a adquirir são arrecadados no processo de insolvência civil. O prazo para pagamento, assim, é incerto, uma vez que não se sabe quando o devedor terá bens suficientes para pagar o quanto deve. Uma vez iniciado o processo e insolvência civil, todas as demais ações e execuções que tramitam contra o devedor são suspensas e remetidas para o juiz da insolvência. A liberação do débito somente ocorrerá após cinco anos do encerramento da execução.

Por estas razões, para o consumidor superendividado o procedimento de insolvência civil é pouco utilizado. Guardadas as devidas proporções, a insolvência civil serviria como equivalente funcional para a falência pessoal no Brasil, mas os endividados não recorrem à insolvência civil. São utilizados outros mecanismos, como a litigância e a conciliação.

Na litigância, mais usualmente são propostas ações para limite dos descontos dos consignados em 30% (trinta por cento) dos rendimentos do devedor. Tais ações acabam por refletir um alívio imediato, posto que o consumidor passa a ter acesso à sua renda. No entanto, não representam a solução do problema já que o débito continuará excessivo e será readequado no tempo. No mesmo sentido são propostas ações revisionais acerca do conteúdo do contrato visando obter novo valor consolidado para a dívida e limitação dos descontos em conta corrente. Já na conciliação, busca-se uma solução para a situação do superendividado de modo consensual.

Deste modo, a legislação vigente não se mostra apta a solucionar a grave questão do superendividamento. Com o fito de disciplinar de forma específica e apresentar uma forma de tratamento ao superendividado, o Projeto de Lei nº 283[93] de 2012 visa alterar o Código de Defesa do Consumidor neste ponto.

As principais alterações[94] que serão promovidas pelo projeto é a previsão de instituição de mecanismos de prevenção e

---

[93] Atualmente em tramitação na Câmara dos Deputados sob o nº 3515/2015 <http://www.camara.gov.br/proposicoesWeb/fichadetramitacao?idProposicao=20 52490> acesso em 14 de junho de 2019.

[94] De acordo com o texto final aprovado pelo Senado e enviado à Câmara em 04/11/2015, disponível em <http://www25.senado.leg.br/web/atividade/materias/- /materia/106773> acesso em 28 de fevereiro de 2017.

tratamento extrajudicial e judicial do superendividamento e de proteção do consumidor pessoa física, visando a garantir o mínimo existencial e a dignidade humana, conforme inserção do inciso IV no art. 5º. Além disso, passa-se a previsão de instituição de núcleos específicos de conciliação e mediação de conflitos oriundos do superendividamento, nos termos do inciso VII que pretende-se inserir no art. 5º.

Neste sentido, é interessante notar a mudança na ótica do superendividamento em que o endividado passa a ser sujeito da proteção. Assim se evidencia na inclusão do inciso XI no art. 6º, que estabelecerá como direito do consumidor "a garantia de práticas de crédito responsável, de educação financeira, de prevenção e tratamento das situações de superendividamento, preservando o mínimo existencial, por meio da revisão e repactuação da dívida, entre outras medidas." A garantia de preservação da dignidade do consumidor através da preservação de um mínimo existencial seria estabelecida como direito básico do consumidor pela inserção do inciso XII no art. 6º, tanto na repactuação como na concessão do crédito.

O projeto de lei adota uma nova postura: de prevenção ao superendividamento. Para tanto, inaugura uma seção dispondo sobre o tema, inclusive no que tange à promoção de acesso ao crédito responsável e à educação financeira do consumidor, de forma a evitar a sua exclusão social e o comprometimento de seu mínimo existencial. O projeto ainda se preocupa em fortalecer os princípios da boa-fé, da função social do crédito ao consumidor e do respeito à dignidade da pessoa humana.

O projeto, no parágrafo 1º do art. 54-A, conceitua superendividamento como "a impossibilidade manifesta de o consumidor, pessoa natural, de boa-fé, pagar a totalidade de suas dívidas de consumo, exigíveis e vincendas, sem comprometer seu mínimo existencial, nos termos da regulamentação". O projeto prestigia apenas o consumidor de boa-fé, excluindo da proteção, conforme parágrafo 3º, as dívidas contraídas mediante fraude ou má-fé ou de contratos celebrados dolosamente com o propósito de não realizar o pagamento.

Destaca-se o dever de informação específica, previsto no art. 54-B, em que, as informações devem constar de forma clara e resumida no próprio contrato, fatura ou instrumento apartado, de fácil acesso ao consumidor. Entre tais informações, devem ser descritos o custo efetivo total e a descrição dos elementos que o compõem; a taxa efetiva mensal de juros, a taxa dos juros de mora e o total de encargos, de qualquer natureza, previstos para o atraso no pagamento e o montante das prestações. Além disso, o referido artigo ainda prevê que a publicidade de crédito ao consumidor e de vendas a prazo deve indicar, no mínimo, o custo efetivo total, o agente financiador e a soma total a pagar, com e sem financiamento.

Ainda em atenção ao dever de informação, o projeto veda na oferta de crédito fazer referência a crédito "sem juros", "gratuito", "sem acréscimo", com "taxa zero" ou expressão de sentido ou entendimento semelhante e que uma operação de crédito poderá ser concluída sem consulta a serviços de proteção ao crédito ou sem avaliação da situação financeira do consumidor. Tais medidas se mostram de extrema relevância já que muitas fornecedoras de crédito fazem uso de tais expressões de modo a levar o consumidor a crer que em certas hipóteses o empréstimo não terá ônus financeiro e que pode obter novos empréstimos ainda que inscrito em cadastros restritivos.

No mesmo sentido, o projeto de lei traz a preocupação de evitar que as fornecedoras de crédito ocultem os ônus e riscos da contratação do crédito, dificultem a compreensão ou estimulem o endividamento do consumidor, em especial dos idosos, analfabetos, doentes ou em estado de vulnerabilidade agravada, que se mostram mais suscetíveis aos apelos comerciais de "crédito fácil".

Assim, o projeto de lei tornará dever das fornecedoras de crédito esclarecer, aconselhar e advertir adequadamente o consumidor e principalmente avaliar de forma responsável e leal as condições do consumidor de pagar a dívida contratada, mediante solicitação da documentação necessária e das informações disponíveis em bancos de dados de proteção ao crédito. Tais determinações são bem vistas pela doutrina, que entende ser "extremamente salutar essa determinação, pois o que se verifica na prática atualmente é que a única avaliação que a maioria dos consumidores faz na hora da contratação do crédito é saber se a prestação informada cabe no seu orçamento, sem se atentar para o valor total do crédito tomado. Tal situação é muito agravada quando a forma de correção das parcelas utilizada é a chamada tabela price, pois o cálculo resultante da aplicação desse mecanismo de correção é fruto de complicada operação de matemática financeira, inacessível à esmagadora maioria dos consumidores, independente de classe social e nível de escolaridade. Assim, ao contratar o crédito, o consumidor não tem ideia do valor total tomado, que nos contratos coligados à aquisição de bens pode chegar a muitas vezes o valor do bem, caso a compra seja efetuada a vista."[95]

Em relação a tais deveres, o projeto determina que descumprimento de qualquer dos deveres previstos "poderá acarretar judicialmente a inexigibilidade ou a redução dos juros, dos encargos, ou qualquer acréscimo ao principal, e a dilação do prazo para pagamento previsto no contrato original, conforme a gravidade da conduta do fornecedor e as possibilidades financeiras do consumidor, sem prejuízo de outras sanções e da indenização por perdas e danos, patrimoniais e morais, ao consumidor".

Tal consequência expressamente prevista visa coibir a conduta das fornecedoras de conceder crédito de forma irresponsável, abrindo a possibilidade de discussão da redução dos encargos como consequência direta do descumprimento do dever de boa-fé e informação. Em relação à redação da súmula 381 do

---

[95] SAMPAIO, Marília de Ávila e Silva. A garantia dos direitos de personalidade, a proteção do devedor superendividado no Brasil e a proposta de alteração do CDC. In: ANDRIGHI, Fátima Nancy (Coord.). **Responsabilidade Civil e inadimplemento no direito brasileiro**. São Paulo: Atlas, 2014. P. 229

Superior Tribunal de Justiça, o qual determina que "nos contratos bancários, é vedado ao julgador conhecer de ofício, da abusividade das cláusulas", cabe salientar a redação proposta ao caput do art. 51 soluciona a grande controvérsia que se instalou após a edição da referida súmula, revogando-a, como bem observa Sampaio.[96]

O projeto prevê ainda, no art. 54-E, que nos casos em que a soma das parcelas em consignação em folha de pagamento, reservadas para pagamento de dívidas ultrapassar 30% (trinta por cento) da remuneração mensal líquida do endividado, há a imediata revisão ou renegociação do contrato. Nestes casos, o juiz poderá adotar algumas medidas específicas, como a dilação do prazo para pagamento do contrato, sem acréscimo nas obrigações do consumidor, a redução dos encargos da dívida e da remuneração do fornecedor, entre outras.

Relevante inovação trazida pelo projeto é o direito de arrependimento para a contratação do crédito consignado. O projeto prevê que o consumidor poderá, em sete dias, desistir da contratação a contar da data da celebração ou do recebimento de cópia do contrato, sem necessidade de indicar o motivo. Tal instituto se assemelha ao já consagrado direito de arrependimento do art. 49 do Código de Defesa do Consumidor para as compras realizadas fora do estabelecimento comercial. Em ambos, a

---

[96] SAMPAIO, Marília de Ávila e Silva. A garantia dos direitos de personalidade, a proteção do devedor superendividado no Brasil e a proposta de alteração do CDC. In: ANDRIGHI, Fátima Nancy (Coord.). **Responsabilidade Civil e inadimplemento no direito brasileiro**. São Paulo: Atlas, 2014. P230

finalidade é permitir que o consumidor reflita sobre a contratação, sem se deixar levar por imediatismos ou apelos publicitários.

Para o exercício do direito de arrependimento para a contratação do crédito consignado, o consumidor deve remeter, no prazo de sete dias, formulário ao fornecedor ou intermediário do crédito, por carta ou qualquer outro meio de comunicação, inclusive eletrônico, com registro de envio e recebimento. Ademais, deve devolver, no prazo de sete dias a contar da remessa do formulário, ao fornecedor o valor que lhe foi entregue, acrescido dos eventuais juros incidentes até a data da efetiva devolução, caso o consumidor tenha sido informado, previamente, sobre a forma de devolução dos valores.

Outro ponto de extrema relevância é a inserção de um capítulo para tratar da conciliação no superendividamento. Na verdade, o procedimento previsto no projeto é judicial, ou seja, a requerimento do consumidor superendividado pessoa física, o juiz poderá instaurar processo de repactuação de dívidas, visando à realização de audiência conciliatória, presidida por ele ou por conciliador. O projeto deixa claro que são excluídas da repactuação ora prevista as dívidas de caráter alimentar, fiscais, parafiscais, oriundas de contrato de crédito com garantia real, dos financiamentos imobiliário e dos contratos de créditos rural.

Esta audiência conciliatória contará com a presença de todos os credores e nela o consumidor apresentará proposta de plano de pagamento com prazo máximo de cinco anos, e de forma que os pagamentos preservem seu mínimo existencial. O projeto prevê ainda que o não comparecimento injustificado de qualquer credor, ou de seu procurador com poderes especiais e plenos para transigir, à audiência de conciliação de que trata acarretará a suspensão da exigibilidade do débito e a interrupção dos encargos da mora.

Obtido o acordo, com qualquer credor, a sentença judicial que o homologar descreverá o plano de pagamento da dívida, tendo eficácia de título executivo e força de coisa julgada. Do plano de pagamento deverão constar as seguintes informações: a referência quanto à suspensão ou extinção das ações judiciais em curso; a data a partir da qual será providenciada exclusão do consumidor de bancos de dados e cadastros de inadimplentes; o condicionamento de seus efeitos à abstenção, pelo consumidor, de condutas que importem no agravamento de sua situação de superendividamento. "O acordo com os credores traduz-se na aprovação de um plano destinado a conseguir, no final da sua vigência, o saneamento da situação patrimonial ou do superendividamento do devedor, mediante a adoção das medidas de reestruturação aceitas pelo devedor e seus credores. O plano poderá conter medidas de temporização ou reescalonamento do pagamento das dívidas, de remissão das mesmas, de redução ou de supressão da taxa de juros, de consolidação, de criação ou de substituição das garantias, entre outras medidas indispensáveis para adequar o passivo às possibilidades de cumprimento efetivo do devedor em questão." [97]

---

[97] MARQUES, Claudia Lima; LIMA, Clarissa Costa; BERTONCELLO, Káren. **Prevenção e tratamento do superendividamento.** Brasília: DPDC/SDE, 2010.

Relevante notar que o projeto expressamente prevê que o pedido do consumidor de repactuação não importa em declaração de insolvência civil e poderá ser repetido somente após decorrido o prazo de dois anos, contados da liquidação das obrigações previstas no plano de pagamento homologado, sem prejuízo de eventual repactuação. O projeto prevê ainda que caso não se obtenha acordo em relação a qualquer um dos credores o juiz, a pedido do consumidor, instaurará "processo por superendividamento para revisão e integração dos contratos e repactuação das dívidas remanescentes mediante plano judicial compulsório", conforme art. 104-B.

Nos termos do projeto, para tal processo serão citados todos os credores com os quais não tenha sido obtido o acordo que terão quinze dias para juntar documentos e razões pela qual não aderiram ao plano apresentado ou não aceitaram a renegociação. A partir de então será elaborado um plano judicial compulsório com o qual o juiz poderá nomear administrador para apresentá-lo. O projeto prevê ainda que o plano judicial compulsório assegurará aos credores, no mínimo, o valor principal devido e preverá a liquidação total da dívida em, no máximo, cinco anos, sendo a primeira parcela devida em até 180 dias da homologação e o restante devido em parcelas mensais iguais e sucessivas.

Por fim, o projeto ressalva a possibilidade de os órgãos públicos integrantes do Sistema Nacional de Defesa do Consumidor realizarem audiências conciliatórias e facilitar a elaboração do plano de pagamento. Desta forma fica patente a mudança de tratamento em relação ao consumidor superendividado.

Em relação ao PL 283 de 2012, Sampaio[98] informa ainda que se incorporam algumas novas obrigações de informação, criando a figura do assédio de consumo, com vistas a proteger de forma especial os consumidores idosos e estabelecendo regras básicas para publicidade de crédito. A proposta inclui ainda a solidariedade entre os fornecedores de crédito e seus intermediários e estabelece a ligação entre o contrato principal de fornecimento de produtos e serviços e o contrato de crédito ao consumidor. Com isso, visa-se a par de estabelecer a proteção de um mínimo existencial do devedor, especialmente quando o pagamento envolver autorização prévia para débito direto em conta corrente, consignação em folha de pagamento ou qualquer outro meio que implique reserva de remuneração do devedor para pagamento.

3.3 Instrumentos jurídicos para a composição do superendividamento

---

[98] SAMPAIO, Marília de Ávila e Silva. A garantia dos direitos de personalidade, a proteção do devedor superendividado no Brasil e a proposta de alteração do CDC. In: ANDRIGHI, Fátima Nancy (Coord.). **Responsabilidade Civil e inadimplemento no direito brasileiro**. São Paulo: Atlas, 2014. P .228

Diante da ausência de uma lei que trate de forma específica a questão do superendividamento e da inadequação prática da insolvência civil para tratar o superendividado, solucionando sua situação e o reinserindo no mercado de crédito, outras soluções têm sido buscadas por diferentes entidades.

Alguns consumidores buscam tutela jurisdicional para a rever contratos. No entanto, a revisão contratual é instrumento processual restrito à individualidade dos contratos e perante um dos credores. Tais ações não abrangem a totalidade dos credores, não havendo, portanto, a renegociação conjunta das dívidas como medida alternativa para o tratamento das situações de superendividamento. Cavalli e Ferreira[99] sintetizam as desvantagens do procedimento, aduzindo que um dos mecanismos mais utilizados por consumidores superendividados no Brasil consiste na litigância judicial em torno da revisão de contratos de crédito. Na revisão de contratos, o objetivo é pagar-se parcialmente o quanto se deve conquanto também se possa buscar pelo mesmo instrumento maior prazo para pagamento.

Assim sendo, a litigância é de iniciativa do devedor, a quem compre ingressar em juízo contra o credor. Nesses casos, a sentença judicial que libertará o devedor de parte da dívida, ou seja, o *discharge* ocorrerá somente com a sentença que julgar o caso ou

---

[99] CAVALLI, Cássio. FERREIRA, Rafael. Matriz de equivalentes funcionais da falência pessoal no direito brasileiro. In: PORTO, Antonio José Maristrello. CAVALLI, Cássio. LUKIC, Melina de Souza Rocha; SAMPAIO, Patrícia Regina Pinheiro. (Org). **Superendividamento no Brasil**. Curitiba: Juruá, 2015. P. 135 - 136

homologar acordo, de modo que o tempo até o *discharge* é indefinido. Com esse tipo de ação, não há proteção a bens presentes do devedor, bem como à sua renda, enquanto durar o processo. O prazo para pagamento também é incerto, uma vez que não se sabe quando o processo será julgado, para apurar o valor devido e dar-se seguimento ao pagamento voluntário ou forçado da dívida.

Ademais, o cancelamento da inscrição em cadastro de inadimplentes ocorrerá no momento da decisão que revisar o contrato na parte revisada. Quanto ao saldo, este cancelamento ocorrerá no momento do efetivo pagamento ou da prescrição da dívida. Em busca de soluções, alguns projetos buscam a renegociação coletiva, baseados nos princípios da boa-fé e nos deveres de solidariedade que estão presentes no ordenamento jurídico brasileiro. Neste sentido, são utilizados "alguns aspectos da teoria geral dos contratos, principalmente, a positivação do princípio da boa-fé objetiva, com a imposição de comportamento leal e cooperativo entre as partes contratantes, bem como vedando o abuso do direito tanto no momento da contratação, quanto no seu cumprimento, são instrumentos que atualmente são utilizados como mecanismos de tratamento da situação dos devedores superendividados."[100]

---

[100] SAMPAIO, Marília de Ávila e Silva. A garantia dos direitos de personalidade, a proteção do devedor superendividado no Brasil e a proposta de alteração do CDC. In: ANDRIGHI, Fátima Nancy (Coord.). **Responsabilidade Civil e inadimplemento no direito brasileiro**. São Paulo: Atlas, 2014. p. 226

Em termos de negociação na relação entre credor e devedor, Cavalli e Ferreira apontam quatro momentos cruciais que afetam as decisões de ambas as partes: 1. Ato de contratação da dívida; 2. Decisão do pagamento; 3. Negociação anterior ao apelo à solução judicial; 4. Apelo à solução judicial. Tais momentos são pensados como momentos de um jogo em que há a interação estratégica entre credor e devedor. Para tanto, os participantes avaliam os ganhos para adotar a melhor estratégia possível.

Tal análise se faz relevante para entender a disposição, ou não, das partes em realizar uma negociação extrajudicial. É comum que os credores só se mostrem receptivos à negociação após a inadimplência do consumidor superar 90 dias. É possível ainda que, ciente disso, tal inadimplência decorra de um comportamento denominado *default* estratégico, ou seja, "ato de não pagar uma dívida apesar de o devedor possuir a capacidade financeira para realizar o pagamento"[101].

No entanto, o mais comum é que os consumidores se tornem inadimplentes por falta de condições de pagamento. Se o devedor não tiver meios para saldar sua dívida, não possui alternativa que não a inadimplência. Não obstante, havendo os meios para pagamento, surge a possibilidade decidir acerca de realizar ou não *default* estratégico, como apontam Cavalli e Ferreira[102]. Tal decisão

---

[101] CAVALLI, Cássio. FERREIRA, Rafael. Matriz de equivalentes funcionais da falência pessoal no direito brasileiro. In: PORTO, Antonio José Maristrello. CAVALLI, Cássio. LUKIC, Melina de Souza Rocha; SAMPAIO, Patrícia Regina Pinheiro. (Org). **Superendividamento no Brasil**. Curitiba: Juruá, 2015. p. 124

[102] CAVALLI, Cássio. FERREIRA, Rafael. Matriz de equivalentes funcionais da

considera os benefícios e os custos associados à inadimplência. Dentre os benefícios, está a possibilidade de, por exemplo, obter uma renegociação que resulte em termos mais favoráveis ao devedor, ou mesmo conseguir *discharge* de suas dívidas. Dentre os custos, há o estigma social de ser um mau pagador e a potencial exclusão do mercado de crédito, além a perda de parte dos seus bens, entre outros.

Com a inadimplência, fruto de *default* estratégico ou não, uma solução que costuma ser exitosa é a conciliação para repactuação das dívidas. A repactuação prevista no PL 283 de 2012 se assemelha aos procedimentos extrajudiciais que já vem sendo adotados e aprimorados por alguns órgãos no Brasil. Uma das experiências mais exitosas é a que foi implantada no Rio Grande do Sul.

Tal projeto-piloto foi instaurado no Poder Judiciário do Estado do Rio Grande do Sul, nas Comarcas de Charqueadas e Sapucaia do Sul, situadas na grande Porto Alegre. Os objetivos do projeto visam diminuir substancialmente o tempo de duração da lide, viabilizar a solução delas e de conflitos por intermédio de procedimentos simplificados e informais. Com isso, objetiva-se reduzir o número de processos que tramitam no Judiciário.

---

falência pessoal no direito brasileiro. In: PORTO, Antonio José Maristrello. CAVALLI, Cássio. LUKIC, Melina de Souza Rocha; SAMPAIO, Patrícia Regina Pinheiro. (Org). **Superendividamento no Brasil**. Curitiba: Juruá, 2015. p. 122

Sobre o procedimento adotado[103], é interessante notar que sua instauração depende da iniciativa voluntária do consumidor, podendo estar ou não assistido por advogado. Inicialmente é apresentado ao consumidor um formulário-petição, em que ele preenche com as informações sociais e econômicas, além de dados relacionados às dívidas e respectivos credores. É de extrema relevância que o endividado preencha de forma correta, observando a boa-fé e a veracidade dos dados fornecidos.

Com o foco em prevenir e educar o consumidor, após o preenchimento do formulário-padrão, o endividado recebe uma cartilha com os "10 mandamentos da prevenção ao superendividamento". Com isso, se reforça o aspecto pedagógico e preventivo do projeto, com vistas a prevenir através da educação e aconselhamento, nos termos do art. art. 4º, IV do CDC que expressamente elenca a educação e a informação dos consumidores quanto aos seus direitos e deveres como um dos princípios da Política Nacional das Relações de Consumo.

Com as informações do formulário-petição, são enviadas cartas-convites para todos os credores arrolados pelo consumidor no formulário-padrão. Os credores são convidados, preferencialmente por e-mail, para uma audiência conjunta de renegociação. É importante salientar que os credores que participam do aludido projeto se referem a dívidas decorrentes de créditos consignados,

---

[103] MARQUES, Claudia Lima; LIMA, Clarissa Costa; BERTONCELLO, Káren. **Prevenção e tratamento do superendividamento.** Brasília: DPDC/SDE, 2010. P. 65-67

contratos de crédito ao consumo em geral, contratos de prestação de serviços (essenciais ou não), podendo estar vencidas ou não e não havendo limitação do seu valor. Não participam do projeto as dívidas alimentícias, fiscais, créditos habitacionais, decorrentes de indenização por ilícitos civis ou penais, por não se serem oriundas de relação de consumo e, no caso dos créditos habitacionais, devido à complexidade dos contratos e legislação incidente.

O ponto principal do projeto é a audiência de renegociação, conjunta com os credores convidados e o superendividado, na mesma oportunidade, a fim de preservar a agilidade do Projeto. Nesta audiência é realizada a tentativa de acordo, observando-se que deve ser preservado o mínimo existencial, ou seja, o montante suficiente para o pagamento das despesas correntes do lar como água, luz, alimentação, educação, saúde, aluguel, condomínio, entre outras indispensáveis ao bem-estar e dignidade do núcleo familiar.

Quanto ao conteúdo, a renegociação poderá consistir na readequação dos contratos à situação do superendividado. Assim, será possível o parcelamento das dívidas, concessão de moratória com alteração no vencimento da obrigação, redução dos encargos ou, perdão parcial ou total da dívida ou de encargos. Obtido o acordo, será homologado pelo Juiz de Direito coordenador do Projeto, constituindo título executivo judicial. Em se tratando de conciliação processual, é registrado na ata a suspensão ou extinção do processo em curso.

Além disso, para reforçar a responsabilidade do superendividado no cumprimento do acordo, prestigiando o princípio da boa-fé, são registrados em ata alguns efeitos específicos para o endividado. O consumidor terá como sanção o vencimento antecipado das dívidas caso preste dolosamente falsas declarações ou produza documentos inexatos com o objetivo de utilizar-se dos benefícios do procedimento de tratamento da situação de superendividamento.

O mesmo efeito ocorrerá caso o consumidor dissimule ou desvie a totalidade ou parte de seus bens com objetivo de fraudar credores ou a execução. Há ainda tal possibilidade caso, sem o acordo de seus credores, o superendividado agrave sua situação de endividamento mediante a obtenção de novos empréstimos ou pratique atos de disposição de seu patrimônio durante o curso do procedimento de tratamento da situação de superendividamento.

Por fim, caso não seja obtido acordo, o superendividado é orientado a procurar a satisfação do seu direito pelas vias ordinárias, na Justiça Comum ou Juizado Especial Cível. Caso a tentativa de conciliação seja frustrada já em ação judicial, o processo será devolvido ao juízo de origem para o regular prosseguimento.

Não só o Poder Judiciário do Rio Grande do Sul adotou medidas conciliatórias para a prevenção do superendividamento. A Defensoria Pública do Estado do Rio de Janeiro possui procedimento próprio para o tratamento do superendividamento através do NUDECON – Núcleo de Defesa do Consumidor. O procedimento inicia-se com o atendimento do consumidor que busca auxílio no NUDECON. Em uma entrevista preliminar, a situação do endividado é analisada a fim de verificar se há o superendividamento ou não no caso concreto.

O atendimento é multidisciplinar, inclusive com o encaminhamento do consumidor para cursos de educação financeira. Verificada a situação de superendividamento, é realizada uma tentativa de conciliação com os credores através de um plano de reestruturação. Em síntese, o procedimento de conciliação no Nudecon assemelha-se muito ao previsto no PL 283 sobre a conciliação no superendividamento. No procedimento, busca-se o pagamento parcial do quanto é devido, ainda que excepcionalmente se consiga o pagamento integral, e mais excepcionalmente ainda, perdão de dívida.

Como salientam Cavalli e Ferreira[104], para que se dê início à conciliação no Nudecon, é necessário que o devedor procure o Núcleo de Defesa do Consumidor da Defensoria Pública do Estado do Rio de Janeiro. Assim, o procedimento é iniciado pelo devedor e apenas os credores que participarem livremente da negociação é que estarão vinculados aos termos da negociação. Não há homologação judicial do acordo e cada acordo celebrado terá um diferente tempo de negociação, bem como um diferente valor de pagamento dos

---

[104] CAVALLI, Cássio. FERREIRA, Rafael. Matriz de equivalentes funcionais da falência pessoal no direito brasileiro. In: PORTO, Antonio José Maristrello. CAVALLI, Cássio. LUKIC, Melina de Souza Rocha; SAMPAIO, Patrícia Regina Pinheiro. (Org). **Superendividamento no Brasil**. Curitiba: Juruá, 2015. P. 134-135

valores devidos. Assim sendo, o prazo de liberação de dívidas (*discharge*) não é padronizado nem tem um tempo definido.

Ademais, por ser um procedimento orientado a uma renegociação de valores da dívida, são apresentados os bens presentes do devedor, ao mesmo tempo em que onerará seus rendimentos futuros. Por resultar em um acordo, o prazo para pagamento é fixado na conciliação sem que haja imposição legal ou judicial de um prazo. Não há a obrigatoriedade de suspensão das execuções, o que pode atuar como um fator a dificultar o acordo. Ademais, o cancelamento de inscrição do devedor em cadastro de maus pagadores será determinado no acordo.

Outras entidades também possuem procedimentos específicos para o atendimento do consumidor superendividado. Entre eles, o PROCON-SP desenvolveu um programa de apoio ao superendividado em parceria como Tribunal de Justiça do Estado de São Paulo. No procedimento adotado, após a entrevista e preenchimento de planilha de orçamento doméstico, o endividado deverá assistir uma palestra, em que são feitas orientações gerais sobre o Programa de Apoio ao Superendividado – PAS. Além disso, a palestra informa sobre orientação financeira, planejamento familiar, psicologia econômica e comportamental, práticas de mercado que contribuem para o superendividamento e esclarecimentos referentes às renegociações de dívidas nas audiências coletivas.

A participação em tal palestra é imprescindível para a participação no Programa. Do mesmo modo em que os demais projetos, há uma audiência coletiva, com o consumidor superendividado e seus credores, mediados por um conciliador do Centro Judiciário de Solução de Conflitos e Cidadania - CEJUSC. Havendo acordo, este será homologado pelo Juiz responsável e valerá como título executivo judicial, podendo ser executado pelo credor se não for cumprido pelo consumidor.

O Tribunal de Justiça do Distrito Federal também criou programa com a finalidade de promover a prevenção, o tratamento e a resolução de conflitos envolvendo consumidores em situação de superendividamento através do Centro Judiciário de Solução de Conflitos e de Cidadania, denominando o projeto de CEJUSC-SUPER. Para participar do programa, o endividado residente no Distrito Federal deve enviar um e-mail com seus dados e com o pedido de inscrição no programa.

Após inscrição, o participante deverá comparecer para a entrevista e apresentação de documentação necessária, devendo participar também de uma oficina sobre Educação Financeira do Consumidor. O programa conta com iniciativas financeiras, como a orientação financeira individual e iniciativas psicossociais optativas (orientação psicossocial individual, constelação familiar e grupo temático de enfrentamento). Após a participação obrigatória na entrevista e na oficina, são agendadas sessões de conciliação para renegociação das dívidas.

A sessão de conciliação é a última etapa do Programa e, em geral, a mais esperada pelos participantes. Nela é oportunizada a possibilidade de renegociação amigável das dívidas dos consumidores superendividados com os seus credores, de acordo com as possibilidades de cada parte. Conforme informações do TJDF[105], iniciadas em abril de 2015, as sessões de conciliação obtiveram bons resultados, sendo que 138 acordos foram alcançados, sendo 39 judiciais e 99 extrajudiciais. Foram realizadas 87 sessões presenciais, sendo que, dessas, 39 casos resultaram em acordo judicial. Os acordos extrajudiciais ocorrem online ou entre as partes, por meio da intermediação da equipe do Programa.

O Tribunal de Justiça do Estado de Pernambuco possui, desde 2011, o Programa de Tratamento de Consumidores Superendividados, denominado PROENDIVIDADOS. O consumidor enquadrado no Programa, caso tenha interesse, poderá receber assistência social e psicológica, além de orientação, através de cursos específicos, com o objetivo de auxiliá-lo na sua reeducação financeira, prevenindo o superendividamento.

O endividado interessado em participar do programa solicita sua inscrição e é entrevistado, assinando um termo de adesão e responsabilidade. É designada a sessão de conciliação e o superendividado recebe uma cartilha sobre a questão. Realizado o

---

[105]Conforme informações divulgadas pelo TJDF, disponível em <http://www.tjdft.jus.br/institucional/2a-vice-presidencia/nupemec/superendividados/PPTSTJDFTumaprticaconsolidada_pgina sespelhadas.pdf> acesso em 01 de março de 2017.

acordo, ele é homologado judicialmente e passível de execução. Interessante notar que no primeiro semestre de 2017, o índice de resolução de conflitos foi de 44,87% em um universo de 1000 pessoas atendidas, conforme tabela de resultados[106] abaixo.

MESES	Acervo Anterior (A)	Entradas — Procedimentos Cadastrados (B)	Saídas — Sessões de Conciliação Realizadas e Procedimentos Arbitrados (C) — Conciliadas (D)	Saídas — Não conciliadas com Procedimentos Arquivados (E)	Saídas — Procedimentos Arbitrados (F)	Sessões de Conciliação Não Realizadas Com Procedimentos Arquivados (G)	Acervo Atual (H) (A+B-D-E-F-G)	Índice de Resolução de Conflitos (I) (D+F) x100 / (D+E+F)	Soma dos valores acordados em conciliação (J)	Número de Pessoas Atendidas (K)
JAN	143	72	17	15	0	10	173	53,13%	R$ 77.108,60	64
FEV	173	55	28	50	0	28	122	35,90%	R$ 178.703,50	156
MAR	122	280	74	55	0	25	248	57,36%	R$ 261.112,80	258
ABR	248	87	36	33	0	10	256	52,17%	R$ 180.987,80	138
MAI	256	84	45	53	0	48	194	45,92%	R$ 208.636,60	196
JUN	194	41	24	31	0	17	163	43,64%	R$ 194.915,60	110
JUL	163	102	18	21	0	18	208	46,15%	R$ 70.663,81	78
TOTAL	-	721	242	258	0	156	1364	44,87%	R$ 1.172.128,71	1000

---

106 Conforme informações divulgadas pelo TJPE, disponível em <http://www.tjpe.jus.br/web/resolucao-de-conflitos/proendividados/produtividade> acesso em 16 de junho de 2019

Conforme descrito, pode-se observar que todos os programas seguem um roteiro parecido com o que está previsto no PL 283 de 2012 culminando em uma tentativa de conciliação conjunta com os credores para repactuação dos débitos. Importante salientar que deve ser resguardado o mínimo existencial do consumidor superendividado, sob pena de tornar o plano de pagamento inócuo. Este mínimo existencial visa assegurar a dignidade do consumidor superendividado e de sua família.

Tradicionalmente a ideia de mínimo existencial se liga a um direito a um conjunto de prestações estatais que assegure a cada um (a cada pessoa) uma vida condigna. No entanto, como garantia à vida digna, a sociedade, o que inclui os credores, devem respeitar um padrão de vida mínimo capaz de garantir a existência digna do devedor e seus familiares. Tal preceito, além da garantia constitucional, pode ser obtido na Declaração Universal dos Direitos do Homem, que assim dispõe: Artigo XXV - 1. Todo ser humano tem direito a um padrão de vida capaz de assegurar-lhe, e a sua família, saúde e bem-estar, inclusive alimentação, vestuário, habitação, cuidados médicos e os serviços sociais indispensáveis, e direito à segurança em caso de desemprego, doença, invalidez, viuvez, velhice ou outros casos de perda dos meios de subsistência em circunstâncias fora de seu controle.

Assim, o respeito a um "mínimo existencial" é algo intrinsecamente ligado à realização dos direitos fundamentais, que representam a concretização do princípio da dignidade da pessoa humana. Isso significa dizer que o direito ao mínimo existencial está alicerçado no direito à vida e na dignidade da pessoa humana.

A definição do conteúdo desse mínimo existencial é, no entanto, objeto de muita divergência. De fato, não é possível fixar abstratamente o conteúdo desse mínimo existencial pois seus pressupostos podem variar de acordo com as condições econômicas, culturais e sociais de um grupo social. No entanto, aviltar o consumidor superendividado de renda mínima capaz de garantir a sua subsistência e de sua família por óbvio violará qualquer parâmetro de mínimo existencial.

De certo que se requer a satisfação de certas exigências para a garantia da dignidade. Para tanto, as condições materiais mínimas, embora insuficientes, são as que, em primeiro lugar, devem ser satisfeitas. O mínimo existencial é ponto inicial de partida e engloba a satisfação de condições materiais básicas para uma vida digna, tais como saúde, alimentação e habitação, que devem ser respeitadas pelos credores.

Assim sendo, o mínimo existencial não pode ser restringido à satisfação das necessidades físicas dos indivíduos, como se a preocupação fosse apenas com a sua sobrevivência, no que se denomina de "mínimo vital". Para garantir a dignidade, o mínimo existencial deve ser preservado. Assim, o credor ao conceder o crédito deve fazê-lo de forma responsável, observando se a dívida assumida é capaz de reduzir as condições financeiras do devedor de tal forma que ponha em risco o adimplemento das despesas básicas, como luz, telefone, alimentação, saúde, entre outras.

Do mesmo modo, os planos de renegociação devem se atentar para a garantia de um mínimo existencial para o devedor e sua família. Elaborar um plano de pagamento de débitos sem se atentar para a garantia de condições mínimas pode acabar por inviabilizar o pagamento do próprio plano, frustrando a renegociação.

Cumpre salientar que muitas ideias implementadas por estes órgãos e previstas no PL 283 de 2012 foram inspiradas em experiências exitosas de outros países sobre a questão, em especial as adotadas pela França e pelos Estados Unidos, como será a seguir exposto.

3.4 Soluções implementadas por outros países

Embora no Brasil a preocupação com o superendividamento seja relativamente recente, em alguns países a questão já é debatida há décadas, sendo útil analisar a experiência estrangeira sobre a questão. Em termos gerais, o tratamento do superendividamento envolve um procedimento coletivo no qual o patrimônio do devedor é utilizado para pagar a todos os credores. No que tange à solução para o superendividamento, dois são os modelos principais: no primeiro, a solução é dada através de um plano de pagamento enquanto no segundo tem-se a política do *fresh start*, em que há, cumprido os requisitos, uma espécie de perdão da dívida. Tais diferenças na forma de solucionar a questão podem ser explicadas pelo modo como cada cultura entende o endividamento.

Lima[107] esclarece que o modelo *fresh start* encara o superendividamento como um risco, uma falha de mercado que deve ser absorvida e que incentiva o perdão das dívidas. Já no sistema europeu, o superendividamento é tido como uma falha pessoal dos devedores que devem ser submetidos a uma disciplina longa e rigorosa com foco na responsabilização pelo pagamento das dívidas.

No início da regulamentação do superendividamento, países como a França e os Estados Unidos tinham soluções diametralmente distintas para a mesma questão. Enquanto no país europeu o tratamento se dava através de um rígido plano de pagamento, em que, originalmente, o endividado se comprometia por longos anos ao adimplemento do débito, no país americano a solução encontrada era um perdão das dívidas com poucos requisitos.

No entanto, soluções extremas acabaram se mostrando ineficientes. De fato, a concessão de crédito pode aumentar o bem-

---

[107] LIMA, Clarissa Costa de. **O tratamento do superendividamento e o direito de recomeçar dos consumidores.** São Paulo: Editora Revista dos Tribunais, 2014. p. 83-84

estar dos consumidores, permitindo a manutenção do consumo e são vantajosos para os emprestadores. Neste sentido, sistemas extremos de proteção ou punição ao devedor, por seu caráter prejudicial ao mercado de crédito, podem ser considerados intrinsecamente ineficientes, como bem observam Cavalli e Ferreira[108]

Após as décadas de 1970 e 1980, a França despontou na discussão sobre o superendividamento, pois conforme apontam Porto e Butelli[109] nessa época a economia francesa disponibilizou crédito em abundância aos consumidores em razão da alta inflacionária. No fim da década de 1980, com a recessão, controle da inflação e outros fatores sociais como desemprego e aumento do divórcio, a França passou a dispor de mais de 200 mil famílias superendividadas, necessitando, portanto, de legislação própria para regular tais relações.

Como aduz Lima[110], a primeira lei francesa a tratar do tema, em 1989, ficou conhecida como *"Loi Neiertz"*, tendo apresentado solução apenas para os superendividados ativos. Os superendividados passivos foram objeto de tutela apenas em 1998,

---

[108] CAVALLI, Cássio. FERREIRA, Rafael. Matriz de equivalentes funcionais da falência pessoal no direito brasileiro. In: PORTO, Antonio José Maristrello. CAVALLI, Cássio. LUKIC, Melina de Souza Rocha; SAMPAIO, Patrícia Regina Pinheiro. (Org). **Superendividamento no Brasil**. Curitiba: Juruá, 2015. p. 124
[109] PORTO, Antonio José Maristrello. BUTELLI, Pedro Henrique. O superendividado brasileiro: uma análise introdutória e uma nova base de dados. In: PORTO, Antonio José Maristrello. CAVALLI, Cássio. LUKIC, Melina de Souza Rocha; SAMPAIO, Patrícia Regina Pinheiro. (Org). **Superendividamento no Brasil**. Curitiba: Juruá, 2015. p. 23
[110] LIMA, Clarissa Costa de. **O tratamento do superendividamento e o direito de recomeçar dos consumidores.** São Paulo: Editora Revista dos Tribunais, 2014. p. 87-89.

em que passou a ser possível a moratória e o perdão parcial das dívidas já que a França passava por um momento de alta no desemprego. Além disso, em 2003 houve nova modificação na legislação francesa para inaugurar um procedimento especial denominado "restabelecimento pessoal" para os casos mais graves, sendo possível o perdão total.

Em relação à adoção do perdão aos débitos, Cavalli e Ferreira[111] alertam que a possibilidade de manutenção de vínculos obrigacionais é relevante, pois evita que as pessoas tomem mais empréstimos do que podem pagar. No entanto, deve-se questionar o sentido de manutenção destas obrigações quando há impossibilidade de adimplemento pelo devedor. Em situações de superendividamento, mesmo que o devedor faça todo o esforço do mundo, ele não terá como cumprir a sua obrigação. Com isso, o superendividamento pode levar a situações de impossibilidade de adimplemento, que são conducentes à extinção do vínculo obrigacional.

Além disso, a lei francesa evoluiu no sentido de redução do tempo de duração dos planos de pagamento e no aumento da disponibilização de renda mínima para a sobrevivência do devedor nos planos de renegociação. No início, os acordos poderiam durar 15 anos, tempo fortemente criticado pela doutrina por ser muito

---

[111] CAVALLI, Cássio. FERREIRA, Rafael. Matriz de equivalentes funcionais da falência pessoal no direito brasileiro. In: PORTO, Antonio José Maristrello. CAVALLI, Cássio. LUKIC, Melina de Souza Rocha; SAMPAIO, Patrícia Regina Pinheiro. (Org). **Superendividamento no Brasil**. Curitiba: Juruá, 2015. p. 114

excessivo. Em relação à preservação de um valor mínimo para a subsistência do devedor, "a lei francesa de 29 de julho de 1998, relativa à luta contra as exclusões, previu uma parte mínima de recursos necessários às despesas de sobrevivência, confirmando a previsão legal do respeito à preservação do mínimo existencial (*reste à vivre*) ao devedor e conferindo um "critério material" da situação de superendividamento. (...) Esse montante do mínimo existencial é indicado pela Comissão e é de aplicação imperativa. A Corte de Cassação já decidiu que, se o plano amigável de recuperação, aceito pelo devedor, não lhe preservou o mínimo existencial, ele poderá formular nova demanda de superendividamento." [112]

Como elucida Lima[113], o procedimento francês se inicia com uma fase conciliatória administrativa em face da Comissão de Superendividamento que tem a atribuição de instruir o pedido e decidir sobre a admissibilidade do procedimento. As condições de abertura do procedimento são únicas para todas as espécies de superendividamento e são acessíveis somente às pessoas físicas. As pessoas jurídicas, comerciantes, artesãos, agricultores e profissionais liberais ficam excluídos pois já possuem procedimento específico no Código de Comércio.

---

[112] BERTONOCELLO, Káren Rick Danielevicz. **Superendividamento do consumidor: mínimo existencial: casos concretos**. São Paulo: Editora Revista dos Tribunais, 2015. P. 51

[113] LIMA, Clarissa Costa de. **O tratamento do superendividamento e o direito de recomeçar dos consumidores**. São Paulo: Editora Revista dos Tribunais, 2014. p. 88-100

Cabe salientar que o devedor deve estar de boa-fé e que há divergência sobre a ocasião em que a mesma deve ser aferida, se no momento contratual (endividamento) ou processual (no momento em que requer o tratamento do superendividamento). Cumpre ressaltar ainda que a lei francesa sanciona com a exclusão do procedimento os devedores que prestam falsas informações, anexam documentos indexados, ocultam ou desviam bens ou ainda agravam o seu endividamento subscrevendo novos empréstimos.

Em relação à boa-fé no momento contratual, Lima[114] informa que há divergência jurisprudencial, sendo que uma corrente é favorável à ideia de aumentar a responsabilidade pessoal dos devedores por entender que os devedores habituais ou intencionais não podem ser beneficiados pelo procedimento. Já a segunda corrente abranda a responsabilidade pessoal dos devedores para privilegiar o contexto social do consumo generalizado e a facilidade com a qual os fornecedores distribuem o crédito.

Assim, os superendividados ativos podem ser considerados como vítimas de uma "espiral de endividamento infernal" de um sistema de estímulos constantes ao consumo. Considerando ainda que os consumidores são economicamente vulneráveis, somente os devedores que intencionalmente prestaram falsa informação ao credor ou sonegaram informações que sabiam ser relevantes a fim

---

[114] LIMA, Clarissa Costa de. **O tratamento do superendividamento e o direito de recomeçar dos consumidores.** São Paulo: Editora Revista dos Tribunais, 2014. p. 90

de obter o crédito são reputados de má-fé no momento da contratação, não merecendo participar do procedimento.

O procedimento francês[115], em síntese, possui duas fases: uma de natureza administrativa e consensual perante a Comissão de Superendividamento e outra coercitiva no Poder Judiciário. Na Comissão de Superendividamento é feita a análise da caracterização, ou não, da situação de superendividamento. Com o depósito do pedido na comissão, a mesma tem três meses para avaliar o caso. Depois de avaliar a situação, a Comissão decide se o requerimento é admissível ou não, e notifica o requerente. Cabe ressaltar que o pedido pode ser feito de modo individual ou em conjunto com a pessoa com quem se vive (casamento / união estável).

A Comissão avalia o conjunto de dívidas não profissionais, ou seja, além das dívidas de consumo, as dívidas com moradia, como alugueis e parcelas hipotecárias não pagas. Recente alteração legislativa acrescentou, no art. 711 do Código de Consumo francês, que o simples fato de o endividado possuir residência própria, com um valor estimado na data de apresentação do pedido de superendividamento, igual ou maior do que o montante de todas as dívidas não profissionais vencidas e vincendas, não impede a caracterização de superendividamento.

---

[115] https://www.service-public.fr/particuliers/vosdroits/N99 acesso em 24 de fevereiro de 2017

Com a apresentação do pedido, o endividado é inscrito em um cadastro chamado *fichier national de incidents de remboursement des crédits aux particuliers (FICP)* em que as instituições de crédito e empresas de financiamento consultam para avaliar a solvabilidade de uma pessoa que procura um crédito. Admitido o pedido, todos os credores são notificados e podem recorrer no prazo de 15 dias. Além disso, os processos de execução são suspensos automaticamente por dois anos. Caso o pedido seja rejeitado, o endividado também pode recorrer no mesmo prazo. Se a Comissão não der nenhuma resposta sobre a admissibilidade do pedido no prazo de três meses após sua apresentação, os juros dos débitos do endividado ficam automaticamente reduzidos para 4,16% se o credor é uma pessoa natural e 0,90% para os demais credores (profissionais).

Admitido o pedido, a Comissão avalia a situação dos débitos, podendo inclusive marcar uma reunião com o endividado e credores para tanto. Consolidado o montante do débito, a Comissão, com base na gravidade da dívida, pode adotar um dos seguintes procedimentos: quando a Comissão considera que uma reorganização da dívida é possível, ela propõe uma reconciliação com os credores através de um plano de recuperação convencional.

Este acordo tem a forma de um plano de recuperação contratual para estabelecer soluções pagamento dos débitos. A Comissão determinará a garantia de um mínimo existencial para a subsistência do endividado e sua família. Com isso, a Comissão procura um acordo negociado entre o requerente e os seus credores tendo em conta o orçamento do requerente e, neste contexto, estabelece as propostas do plano sobre o qual as partes podem acordar.

Na elaboração do plano de recuperação, o montante utilizado para o pagamento da dívida é avaliado pela Comissão e o plano pode envolver diferentes medidas, combinadas ou não: adiamento ou reescalonamento de uma ou mais dívidas; perdão da dívida; consolidação, a criação ou substituição de garantia. O plano também pode fornecer alguns compromissos por parte do requerente, a saber: realização de atos para facilitar ou assegurar o pagamento da sua dívida (venda de parte de sua propriedade, por exemplo); promessa de não agir de forma a agravar a sua insolvência (tomar novos empréstimos, por exemplo).

Para os pedidos admitidos após 01/07/2016, a duração do plano não pode exceder 7 anos, inclusive quando ocorrer a sua revisão (no caso de agravamento da dívida ou de melhora na situação financeira do devedor, as medidas do plano podem ser alteradas) ou renovação (um plano pode ser estendido a pedido do devedor, se ele não conseguiu quitar todas as suas dívidas ou parte delas). No entanto, as medidas do plano podem exceder 7 anos quando digam respeito à amortização de empréstimos contraídos para a compra de bens imóveis que constituem a residência principal de modo a impedir a sua venda; ou quando usado para pagar todas as dívidas, evitando a venda do imóvel que constitui a principal residência da pessoa em dívida.

No entanto, se a Comissão, na análise da admissão do pedido, considerar que não há solução financeira é possível, o pedido é encaminhado para o processo de recuperação pessoal, com ou sem liquidação judicial dos ativos, sendo, nestes casos, possível o perdão dos débitos. O processo judicial sem liquidação ocorre se a pessoa não possuir bens ou possuir bens em valor irrisório.

Caso possua bens, o procedimento será o com liquidação. Com a decisão final do processo, o juiz pode determinar o perdão de todos os débitos não profissionais, exceto: dívidas pagas pelo fiador do devedor, se o fiador é um indivíduo; dívidas de alimentos (incluindo a manutenção); multas criminais e a indenização concedida à vítima.

No processo de recuperação pessoal com liquidação, é marcada uma audiência com o endividado e seus credores em que o juiz deve ouvir as partes e aprecia a situação irremediável do devedor e sua boa-fé. Cumpridos os requisitos o juiz declarar a abertura do processo e designar um representante para fazer um balanço da situação econômica e social do devedor. A partir da decisão de abertura os credores têm 2 meses para declarar suas reivindicações para o agente e o agente tem 6 meses para elaborar a avaliação econômica e social da pessoa em dívida.

O agente elabora um relatório com o extrato dos créditos e um plano proposto para reembolsar os credores em ordem de prioridade. Findo o processo, o juiz determina a liquidação dos ativos com a nomeação de um síndico responsável pela venda (voluntária ou forçada) da propriedade devedor no prazo de 12 meses, ou determina o encerramento do processo por falta de ativos se nenhuma propriedade não puder ser vendida.

Com a venda dos bens, as receitas provenientes das vendas são divididas entre os diferentes credores de acordo com um plano de distribuição elaborado pelo síndico. Com isso, o juiz encerra o processo, declarando a extinção dos passivos caso tenho sido paga as dívidas, ou o perdão do débito, caso contrário. Em relação à experiência francesa, alguns institutos poderiam ser úteis à realidade brasileira.

Neste sentido, Sampaio[116] aponta que no direito francês existem quatro institutos ainda não positivados no direito brasileiro, que buscam dar proteção aos consumidores superendividados. Tais mecanismos são o prazo especial de reflexão, a ligação entre o contrato principal e o contrato acessório de crédito, o regime especial das garantias pessoais, garantindo aos fiadores uma especial atenção sobretudo limitando as obrigações do fiador às do devedor principal e o regime especial do superendividamento, com

---

[116] SAMPAIO, Marília de Ávila e Silva. A garantia dos direitos de personalidade, a proteção do devedor superendividado no Brasil e a proposta de alteração do CDC. In: ANDRIGHI, Fátima Nancy (Coord.). **Responsabilidade Civil e inadimplemento no direito brasileiro**. São Paulo: Atlas, 2014. P. 226

criação de comissão administrativa de tratamento do superendividamento, com previsão de procedimento específico para resolução do problema.

Há, em relação ao procedimento francês, uma forte aproximação com o modelo *fresh start,* em que o perdão da dívida é adotado no tratamento do superendividamento. Mesmo que os credores deixem de receber seus créditos, há um benefício maior para a economia e para a sociedade, que é a reabilitação daquele devedor. Nos modelos a *fresh start*, a possibilidade do perdão tem o importante papel de reduzir o risco e encorajar as pessoas a contrair novos créditos permanecendo economicamente ativas. O *discharge* está ligado a razões de mercados e não de cunho social como nos sistemas europeus pois o superendividamento é encarado como uma falha de mercado e não como uma falha pessoal do devedor, como bem pontua Lima.[117]

O modelo norte-americano de desenvolvimento econômico se baseou, entre outros, na oferta de crédito ao consumo. No entanto, o acúmulo de dívidas acaba levando os indivíduos a uma situação de falência pessoal. Em uma situação de superendividamento e consequente falência pessoal, o endividado fica excluído do mercado de consumo e, assim, se faz necessária a implementação de mecanismos de liberação (*discharge*) dos débitos.

---

[117] LIMA, Clarissa Costa de. **O tratamento do superendividamento e o direito de recomeçar dos consumidores.** São Paulo: Editora Revista dos Tribunais, 2014. p. 83.

Neste sentido, Cavalli e Ferreira esclarecem que "as regras de falência pessoal são vistas como importantes para a dinâmica do mercado de crédito, pois são capazes de alocar eficientemente o risco entre credor e devedor, ao mesmo tempo que promovem a reabilitação do devedor."[118] A importância da reabilitação do devedor para o mercado vem sendo reconhecida por diversos países. "O legislador belga também se inspirou na filosofia americana do *fresh start* para justificar a necessidade de oferecer aos superendividados dignidade e esperança de uma vida melhor no futuro. Os legisladores enfatizaram repetidamente que o perdão das dívidas era o único meio de reintegrar o superendividado no sistema econômico. Caso contrário, essa pessoa marginalizada, excluída do mercado, tornar-se-ia um peso para a sociedade."[119]

Como elucidam Porto e Butelli[120], o sistema norte-americano, assim como o sistema britânico, é fortemente desregulamentado e baseado no modelo jurídico de *common law*. Em termos econômicos, o modelo dos Estados Unidos se apoiou internamente sobre o consumo da sua população, e possui um

---

[118] CAVALLI, Cássio. FERREIRA, Rafael. Matriz de equivalentes funcionais da falência pessoal no direito brasileiro. In: PORTO, Antonio José Maristrello. CAVALLI, Cássio. LUKIC, Melina de Souza Rocha; SAMPAIO, Patrícia Regina Pinheiro. (Org). **Superendividamento no Brasil**. Curitiba: Juruá, 2015. p. 116

[119] LIMA, Clarissa Costa de. **O tratamento do superendividamento e o direito de recomeçar dos consumidores.** São Paulo: Editora Revista dos Tribunais, 2014. p. 85.

[120] PORTO, Antonio José Maristrello. BUTELLI, Pedro Henrique. O superendividado brasileiro: uma análise introdutória e uma nova base de dados. In: PORTO, Antonio José Maristrello. CAVALLI, Cássio. LUKIC, Melina de Souza Rocha; SAMPAIO, Patrícia Regina Pinheiro. (Org). **Superendividamento no Brasil**. Curitiba: Juruá, 2015. p. 24

mercado de crédito arquitetado a fim de garantir a dinâmica dos seus agentes econômicos. Assim, é de 1898 a elaboração do Código de Falências norte-americano, que possui, além da falência tradicional do empresário, a falência do indivíduo comum.

Em relação ao procedimento adotado nos Estados Unidos[121], O atual Código de Falências foi promulgado pelo Congresso em 1978. O Código de Falências foi emendado várias vezes desde a sua promulgação e é a lei federal uniforme que governa todos os casos de falência.

O juiz de falência tem competência para decidir qualquer assunto relacionado com um caso de falência, como elegibilidade para requerer a falência ou se um devedor deve receber uma quitação de dívidas. No entanto, grande parte do processo de falência é administrativo, ou seja, é conduzido fora do tribunal. Nos casos previstos nos capítulos 7, 12 ou 13, e às vezes nos casos do capítulo 11, este processo administrativo é realizado por um administrador nomeado para supervisionar o caso.

Ao presente estudo interessa apenas a sucinta análise dos procedimentos adotados pelos capítulos 7 e 13, em que se permite ao devedor, pessoa natural, requerer sua falência pessoal por débitos não profissionais. O envolvimento do devedor com o juiz de falência é geralmente muito limitado. Em um típico caso do

---

[121] Conforme informações disponíveis em <http://www.uscourts.gov/services-forms/bankruptcy/bankruptcy-basics/process-bankruptcy-basics> acesso em 25 de fevereiro de 2017.

capítulo 7, o devedor não precisará comparecer a um tribunal, exceto se uma objeção for suscitada. No capítulo 13, o devedor só terá que comparecer perante o juiz da falência em uma audiência de confirmação do plano. Normalmente, o comparecimento formal do devedor ocorre na reunião de credores, que normalmente é realizada nos escritórios do *US trustee*, o administrador que supervisiona o caso de falências.

O objetivo fundamental é conceder aos devedores um *"fresh start"*, ou seja, um recomeço financeiro de suas dívidas. A Suprema Corte pontuou sobre o propósito da lei de falência em uma decisão de 1934 no caso Local Loan Co. v. Hunt, 292 US 234, 244 (1934): ela dá ao devedor honesto, mas infeliz uma nova oportunidade na vida e para o esforço futuro, desimpedidos pela pressão e desencorajamento da dívida preexistente. Este objetivo é realizado através da quitação de falência, que libera os devedores de responsabilidade pessoal de dívidas específicas e proíbe os credores tomar qualquer ação contra o devedor em relação a essas dívidas.

A legislação norte-americana é objeto de críticas, por ser, ao menos em tese, suscetível a um possível abuso da política do *"fresh start"*, situação na qual, uma vez liquidados os bens disponíveis do devedor para pagamento das dívidas, todo o montante restante da dívida é perdoado. Como informam Porto e Sampaio[122], com o

---

[122] PORTO, Antonio José Maristrello. SAMPAIO, Patrícia Regina Pinheiro. Uma visão regulatória da prevenção e tratamento do superendividamento no Brasil. In: PORTO, Antonio José Maristrello. CAVALLI, Cássio. LUKIC, Melina de Souza Rocha; SAMPAIO, Patrícia Regina Pinheiro. (Org). **Superendividamento no Brasil**. Curitiba: Juruá, 2015. P. 159-160

processo de democratização do crédito, as instituições financeiras deram aos mutuários de alto risco mais acesso a financiamentos. No entanto, as dívidas nem sempre eram adimplidas e o consumidor solicitava sua falência pessoal, quitando as dívidas possíveis com seu patrimônio disponível e se exonerando das demais.

Para incentivar mudanças nos hábitos de consumo e incentivar que os consumidores suportem as consequências dos contratos assumidos espontaneamente, o Código de Falências norte-americano foi alterado, em 2005, pela Lei de Prevenção ao Abuso de Falências de Defesa do Consumidor (*Bankruptcy Abuse Prevention and Consumer Protection Acxt – BAPCPA*). Tal alteração visou tornar a declaração de falência pessoal mais difícil. Sob o BAPCPA, aumentou o número de documentos a serem apresentados antes e durante a falência. Além disso, aumentou também o custo de todo o processo, uma vez que os advogados precisam passar mais tempo atuando nos casos. Ainda assim, mesmo após referidas mudanças, o instituto segue tendo elevada aplicabilidade.

Em relação ao Capítulo 7, intitulado "Liquidação", contempla-se um procedimento ordenado, supervisionado judicialmente, pelo qual um administrador assume os bens da propriedade do devedor, transformando-os em dinheiro e fazendo as distribuições relativas aos credores. Nestes casos, há direito do devedor de reter certos bens, mas como nos casos submetidos ao capítulo 7 há poucos ou mesmo nenhum bem, pode não haver uma liquidação real dos ativos do devedor e esses casos são chamados de "casos sem ativos". Ao requerer a falência com base no Capítulo 7 o devedor terminará o processo despojado de todos os seus bens que não estiverem salvaguardados por lei. No entanto, como alertam Porto e Sampaio[123], em cerca de 90% dos casos de pedidos de falência com base neste capítulo, o devedor somente possui bens protegidos pela legislação ou com garantia. Com isso, os demais credores costumam não receber qualquer parcela dos seus créditos.

Na maioria dos casos do capítulo 7, quando o devedor é uma pessoa natural, ele recebe uma quitação (*discharge*) que o libera da responsabilidade pessoal por tais débitos. O devedor normalmente recebe uma quitação alguns meses após dar entrada no pedido. As emendas ao Código de Falências promulgadas na Lei de Prevenção do Abuso de Falências e Proteção ao Consumidor de 2005 exigem a aplicação de um "*means test*" para determinar se os consumidores devedores individuais podem beneficiar do perdão das dívidas nos termos do Capítulo 7. Se o rendimento desse devedor exceder certos limites, o devedor pode não ser elegível para o procedimento do capítulo 7. "Em 2005, o legislador americano acabou reformando a lei de falências para denegar a muitos consumidores o perdão imediato das dívidas. Um teste de verificação da capacidade de reembolso (*means test*) passou a ser exigido dos devedores a fim de

---

[123] PORTO, Antonio José Maristrello. SAMPAIO, Patrícia Regina Pinheiro. Uma visão regulatória da prevenção e tratamento do superendividamento no Brasil. In: PORTO, Antonio José Maristrello. CAVALLI, Cássio. LUKIC, Melina de Souza Rocha; SAMPAIO, Patrícia Regina Pinheiro. (Org). **Superendividamento no Brasil**. Curitiba: Juruá, 2015. P. 157-158

força-los ao pagamento das dívidas. O Canadá já havia adotado teste semelhante na reforma de 1997 do *Bankruptcy and Insolvency Act* (BIA) para encorajar os devedores a optar pela realização de pagamentos ao credor. Embora o teste não seja o mesmo em ambos os países, a filosofia subjacente que inspirou as mudanças é a mesma: os devedores com alguma renda disponível devem utilizá-la para o pagamento de pelo menos parte das dívidas, reconhecendo a ascendência da cultura do pagamento como uma forma mais responsável de tratar o superendividamento." [124]

Em relação ao Capítulo 13, intitulado "ajuste de dívidas de um indivíduo com renda regular", cabe salientar que o mesmo é aplicado para um devedor individual que tem uma fonte regular de renda. Capítulo 13 é muitas vezes preferível ao capítulo 7, porque permite que o devedor para manter um bem valioso, como uma casa, e porque permite que o devedor propor um "plano" para pagar os credores ao longo do tempo – geralmente de três a cinco anos.

O Capítulo 13 também é usado pelos consumidores devedores que não se qualificam para o capítulo 7 sob o *"means test"*. Em uma audiência de confirmação, o tribunal ou aprova ou desaprova o plano de reembolso do devedor, dependendo se ele atende aos requisitos do Código de Falências para confirmação. O capítulo 13 é muito diferente do capítulo 7, uma vez que o devedor do capítulo 13 geralmente permanece na posse da propriedade e faz

---

[124] LIMA, Clarissa Costa de. **O tratamento do superendividamento e o direito de recomeçar dos consumidores.** São Paulo: Editora Revista dos Tribunais, 2014. p. 86-87

pagamentos aos credores, por meio do administrador, com base na renda antecipada do devedor ao longo da vigência do plano.

Ao contrário do capítulo 7, o devedor não recebe um perdão imediato das dívidas. O devedor deve completar os pagamentos exigidos no plano antes disso e durante a execução do plano, o devedor é protegido contra ações judiciais em relação aos débitos. No que tange à quitação, a concedida através do Capítulo 13 é um pouco mais ampla, ou seja, mais dívidas são eliminadas.

Um caso de falência do capítulo 7 não envolve a apresentação de um plano de pagamento como no capítulo 13. Em vez disso, o administrador de falências reúne e vende os ativos do devedor, exceto os que são isentos deste procedimento, e usa o produto desses ativos para pagar os credores de acordo com as disposições do Código de Falências.

No procedimento do Capítulo 7, o administrador do caso irá realizar uma reunião de credores e no prazo de 10 dias a contar desta reunião dos credores, o administrador informará ao tribunal se o caso deve ser presumido como um abuso segundo o *means test*. Assim, é importante para o devedor cooperar com o administrador e para fornecer quaisquer registros financeiros ou documentos que o *trustee* solicita.

Cabe ressaltar que não são todas as dívidas que são perdoadas pelo capítulo 7. Dívidas de pensão alimentícia, certos impostos, dívidas para certos pagamentos educacionais ou empréstimos feitos ou garantidos por uma unidade governamental, dívidas por danos intencionais, por morte, danos pessoais e de restituição criminal são exemplos de débitos que não são atingidos pela *discharge*.

Além disso, o tribunal pode revogar uma exoneração do capítulo 7 a pedido de um credor ou do administrador se a quitação tiver sido obtida por fraude pelo devedor, ou ainda se o devedor tiver adquirido bens e não informar tais aquisições, ou se o devedor (sem uma explicação satisfatória) fizer uma distorção relevante ou deixar de fornecer documentos ou outras informações em conexão com uma auditoria do caso do devedor.

Em relação ao procedimento do capítulo 13, cabe salientar que, após a reunião com o *trustee*, há uma audiência no tribunal sobre o plano de pagamento do devedor. O plano deve ser submetido para aprovação do tribunal e deve prever pagamentos de valores fixos e regulares para o administrador que irá então distribui aos credores de acordo com os termos do plano, que pode oferecer aos credores menos do que o pagamento integral de seus créditos.

O plano não precisa pagar os débitos na íntegra, desde que ele preveja que o devedor irá pagar com as projeções de "renda disponível" sobre um "período de compromisso aplicável". Ademais, considera-se que os credores recebem pelo menos o valor que seria obtido se os bens do devedor fossem liquidados sob o capítulo 7. No capítulo 13, o "rendimento disponível" é o rendimento menos os montantes razoavelmente necessários para a manutenção do devedor e de sua família.

O "período de compromisso aplicável" depende da renda mensal do devedor, podendo ser de três a cinco anos. Se o tribunal se recusar o plano, o devedor pode apresentar um plano modificado ou pode converter o caso em um caso de liquidação sob o capítulo 7. Uma vez que o tribunal confirma o plano, o devedor deve fazer o plano ter sucesso e, para tanto, enquanto os pagamentos são feitos, o devedor não pode incorrer em nova dívida sem consultar o *trustee*, já que a dívida adicional pode comprometer a capacidade do devedor para completar o plano.

Um devedor do capítulo 13 tem direito a uma quitação após a conclusão de todos os pagamentos no âmbito do plano, desde que o devedor não tenha recebido uma quitação em um caso anterior arquivado dentro de um prazo determinado (dois anos para casos anteriores do capítulo 13 e quatro anos para casos anteriores enquadrados no capítulo 7). Ademais, exige-se que o devedor tenha concluído um curso de gestão financeira, se assim determinado no seu caso. A doutrina identifica que o projeto de lei 283 de 2012 no que tange à conciliação, teve origem no procedimento previsto no Capítulo 13 da legislação americana.

O procedimento da conciliação no superendividamento disciplinado pelo Projeto de Lei do Senado 283/12, pode ter suas características reconduzidas à matriz institucional da insolvência, como observam Cavalli e Ferreira.[125] Neste sentido, os autores apontam que a conciliação no superendividamento objetiva uma repactuação de dívida. A repactuação resultará o pagamento parcial do quanto era originalmente devido, sendo que o procedimento é voltado a que se realize uma negociação com a qual consintam todos os credores, para posterior homologação do plano de pagamento negociado pelo juiz.

No entanto, se não for bem-sucedida a conciliação, o juiz terá o poder de conceder o *discharge*, mas antes o juiz elaborará um plano judicial compulsório. A conciliação no superendividamento é voltada a preservar os bens presentes do devedor, mas sacrifica os seus rendimentos futuros, à semelhança do *Chapter* 13 do *Bankruptcy Code* norte-americano. Para que se alcance o acordo privado a ser homologado pelo juiz, ou se assegure a efetividade do plano judicial de pagamento, na conciliação no superendividamento "acarretará a suspensão da exigibilidade do débito e a interrupção dos encargos da mora" em caso de injustificado não comparecimento à audiência de conciliação. E, realizada a conciliação, o plano de pagamento deverá conter a data a partir da qual será providenciada exclusão do consumidor de bancos de dados e cadastros de inadimplentes.

Como regra geral, a quitação libera o devedor de todas as dívidas previstas pelo plano exceto certas obrigações de longo prazo

---

[125] CAVALLI, Cássio. FERREIRA, Rafael. Matriz de equivalentes funcionais da falência pessoal no direito brasileiro. In: PORTO, Antonio José Maristrello. CAVALLI, Cássio. LUKIC, Melina de Souza Rocha; SAMPAIO, Patrícia Regina Pinheiro. (Org). **Superendividamento no Brasil**. Curitiba: Juruá, 2015. P 132-133

(a maioria dos empréstimos educacionais financiados ou garantidos pelo governo ou por pagamentos em excesso de benefícios, dívidas decorrentes de morte ou danos pessoais ou multa criminal incluída em uma sentença sobre a condenação do devedor de um crime). A quitação em um caso de capítulo 13 é um pouco mais ampla do que em um caso de capítulo 7. As dívidas que podem ser declaradas no capítulo 13, mas não no capítulo 7, incluem algumas dívidas de obrigações tributárias, por exemplo. Sobre as formas de negociação para a concessão do *discharge*, é interessante a observação de Cavalli e Ferreira: "A forma como se determina a concessão do *discharge* diz muito sobre o poder de barganha das partes envolvidas em possível negociação. Se for exigida negociação unanime para concessão do *discharge*, os credores possuem, ao menos em tese, meios para extrair uma solução negociada que lhes seja a mais favorável possível. Negociação majoritária, contudo concede maior poder de barganha aos grandes credores, em detrimento dos pequenos. Caso seja um juiz quem decide pela concessão ou não da ordem de *discharge*, os agentes precisarão inferir não qual resultado emergirá de uma barganha, mas sim qual a decisão a ser tomada pelo juiz." [126]

Após a confirmação de um plano, podem surgir circunstâncias que impedem o devedor de completar o plano. Em tais situações, o devedor pode pedir ao tribunal para conceder uma

---

[126] CAVALLI, Cássio. FERREIRA, Rafael. Matriz de equivalentes funcionais da falência pessoal no direito brasileiro. In: PORTO, Antonio José Maristrello. CAVALLI, Cássio. LUKIC, Melina de Souza Rocha; SAMPAIO, Patrícia Regina Pinheiro. (Org). **Superendividamento no Brasil**. Curitiba: Juruá, 2015. p. 126

"*hardship discharge*", que está disponível apenas se a modificação do plano não for possível, o devedor não completou os pagamentos do plano devido a circunstâncias alheias à sua vontade e sem sua culpa e os credores receberam pelo menos tanto quanto teriam recebido em um caso de liquidação do capítulo 7.

A possibilidade de liberar-se devedores advém de lógica utilitarista. Como apontam Cavalli e Ferreira[127], indivíduos superendividados são excluídos do mercado de crédito e de consumo de modo quase definitivo. Sem possuir bens ou renda suficientes para pagar suas dívidas sua situação se assemelha à morte civil. Há o constante risco de endividamento pessoal de consumidores atingir níveis muito altos nas sociedades de consumo em massa.

Deste modo, a exclusão dos consumidores do mercado causa impactos sentidos em toda a economia. O problema deixa de ser apenas daquele que está com dificuldades financeiras e passa a ser de toda a sociedade. Com isso, pode ser vantajoso para a sociedade prever um conjunto de regras que liberem de suas dívidas aqueles devedores que, de outra maneira, por não possuírem meios de pagar suas dívidas, estarão excluídos permanentemente do mercado de crédito e consumo.

---

[127] CAVALLI, Cássio. FERREIRA, Rafael. Matriz de equivalentes funcionais da falência pessoal no direito brasileiro. In: PORTO, Antonio José Maristrello. CAVALLI, Cássio. LUKIC, Melina de Souza Rocha; SAMPAIO, Patrícia Regina Pinheiro. (Org). **Superendividamento no Brasil**. Curitiba: Juruá, 2015. p. 115

Em ambos os métodos, com a evolução do instituto e o passar dos anos, as soluções foram, de certa forma, se aproximando. Tanto nos Estados Unidos quanto na França, é possível se notar uma semelhança nas soluções encontradas. Em ambos, há a uma fase administrativa relevante para a tentativa de conciliação entre devedor e credores. Há também a elaboração de plano de pagamento e a possibilidade de concessão do perdão das dívidas, desde que observada a boa-fé do endividado e a sua impossibilidade manifesta de pagamento. No entanto, as diferenças entre os modelos são relevantes e, de acordo com a doutrina, decorrem do paradigma adotado. "Em suma, ousaria dizer que nos modelos europeus a pessoa é o centro do tratamento do superendividamento cujos direitos fundamentais, na bela lição de Ricardo Luis Lorenzetti, atuam como núcleo, ao redor do qual se pretende que gire o regramento da falência. Enfim, "um novo sistema solar, no qual o Sol seja a pessoa".

Por isso, não há como discordar da conclusão de Johanna Niemi-Kiesiläinen, quando refere que as leis de falência americana e europeia diferem, não somente em detalhe, mas também na questão fundamental sobre o paradigma que as orienta, a primeira refletindo uma compreensão do superendividamento como uma falha de mercado e a segunda como um problema, sobretudo, social."[128]

---

[128] LIMA, Clarissa Costa de. **O tratamento do superendividamento e o direito de recomeçar dos consumidores.** São Paulo: Editora Revista dos Tribunais, 2014. p. 128

A análise das soluções implementadas nestes países se mostra relevante para o caso brasileiro, que ainda não regulamentou o superendividamento. Nos países supracitados a regulamentação já ocorreu e foi se aperfeiçoando conforme as necessidades sociais, demonstrando a relevância de uma fase extrajudicial de conciliação e até mesmo a necessidade de concessão de um perdão para os débitos nos casos mais graves e em que há a boa-fé do devedor. Com isso, a observação da experiência implementada em outros países pode trazer um novo olhar para as questões atualmente enfrentadas no Brasil

Conclusão

O superendividamento é um fenômeno complexo, que perpassa por diversos fatores para sua composição e solução. Entendido como a impossibilidade global da pessoa natural, leiga e de boa-fé, adimplir seus débitos de consumo, o superendividamento se subdivide em ativo e passivo, a depender da origem do débito.

As dívidas podem decorrer de situações alheias ao controle do indivíduo, como a morte de um familiar, o desemprego, o divórcio, o nascimento de filhos, entre tantas outras que configuram o superendividamento passivo. Outra possibilidade é que o endividamento crítico tenha decorrido da falta de experiência da pessoa endividada em fazer a gestão de suas contas, caracterizando o superendividamento ativo. O superendividamento ativo pode ser consciente, quando o consumidor deliberadamente assume compromissos sem a intenção de pagar, ou inconsciente, quando ele acredita que conseguirá quitá-los.

O superendividamento ativo inconsciente merece um olhar cauteloso em relação à posição que o endividado ocupa na sociedade e à conduta das fornecedoras de crédito em fomentar o endividamento deste consumidor. O consumo e o endividamento passaram a ter papel central no desenvolvimento econômico das sociedades capitalistas pós-revolução industrial. Estabeleceram-se novos padrões baseados em movimentos crescentes de produção, endividamento e consumo.

Em tais mudanças sociais, o consumo deixa de ser um ato meio e passa a ser um fim, uma forma de satisfação pessoal e, principalmente, uma forma de pertencimento à sociedade. O ato de consumir torna-se um fim em si mesmo e que nunca poderá ser plenamente satisfeito pois sempre haverá algo novo a ser adquirido. No entanto, para consumir é necessário ter renda e a disponibilidade financeira do consumidor não avança na mesma proporção de suas necessidades de consumo.

Com isso, a oferta de crédito se torna imprescindível ao equilíbrio da equação. Apenas com o crédito será possível aumentar de forma constante os níveis de consumo e, consequentemente, os de produção. O crédito torna-se forma de complementação de renda, e o estigma social pejorativo de devedor é substituído pela aceitação social do endividamento. No entanto, o crédito terá que ser, em algum momento, reembolsado ao seu fornecedor.

A concessão de crédito de forma irrestrita acaba ocasionando o surgimento de dívidas impagáveis, comprometendo a renda do consumidor de forma preocupante. O superendividado, sem condições de pagar os débitos assumidos, acaba excluído da sociedade de consumo. Tal situação não é benéfica ao sistema e nem ao indivíduo, que se vê privado tanto de sua renda, comprometida para o pagamento dos débitos, quanto do crédito, não podendo mais consumir.

No Brasil, pesquisas apontam que 9,5% das famílias, percentual que representa um universo de 1.575.568 núcleos familiares, admitem que não conseguirão quitar seus débitos. Os dados apontam ainda que 20,3% dos endividados comprometeram mais de 50% de sua renda apenas para o pagamento de dívidas. As pesquisas revelam também que quase 80% dos débitos são realizados através do uso do cartão de crédito, o que pode denotar que o tipo de dívida assumida é primordialmente de consumo.

Ademais, análises apontam que enquanto a renda média aumentou 155% no período de janeiro de 2004 a dezembro de 2014, o montante emprestado em operações de crédito pessoal teve um aumento de 850% no Brasil. Tal diferença pode ser considerada como um fator que conduz ao superendividamento da população tendo em vista a discrepância entre o crescimento das operações de crédito e crescimento da renda real dos consumidores.

Diante da situação fática cada vez mais preocupante, torna-se necessário tratar o consumidor superendividado, buscando uma solução para a sua inadimplência sem que sejam violados seus direitos e reinserindo-o no mercado de consumo e na sociedade. O paradigma para o tratamento do superendividamento é a proteção do indivíduo e sua dignidade. Neste sentido, deve-se sempre observar o princípio do respeito à dignidade da pessoa humana, prevista como um dos fundamentos da República na Constituição Federal no art. 1º, III.

Tanto é assim que a Constituição Federal ao tratar da liberdade econômica, estabeleceu que a mesma não é absoluta, eis que conformada pela dignidade e pela defesa do consumidor. Neste sentido, o art. art. 170 prevê que a ordem econômica tem por fim assegurar a todos existência digna, conforme os ditames da justiça social, observado, entre outros, o princípio da defesa do consumidor. Esse é o viés que deve ser observado no tratamento da questão do consumidor superendividado.

No entanto, a prática demonstra que as fornecedoras de crédito adotam condutas abusivas e violadoras dos direitos dos consumidores brasileiros. Há uma concessão de crédito de forma irrestrita e irresponsável. O consumidor não é alertado das informações básicas como a taxa de juros e o montante do débito, embora o direito à informação e à proteção contra a publicidade enganosa estejam expressos no art. 6 º, III e IV do Código de Defesa do Consumidor.

Muitas fornecedoras de crédito oferecem "crédito rápido", "crédito fácil" e "crédito para negativados", mas sem expor as reais condições e custos destes produtos. A omissão ou mau aconselhamento já gera a quebra da boa-fé objetiva, prevista nos art. 4º, III e 51, IV do Código de Defesa do Consumidor. Nas operações de fornecimento de crédito, se faz necessária a análise casuística pelo fornecedor no momento da concessão do crédito já que o fornecedor é a instituição técnica e especialista nestas operações.

Outra conduta rotineiramente praticada pelas fornecedoras de crédito é a concessão de aumentos do limite do cartão de crédito sem a solicitação do consumidor e a concessão de empréstimos consignados em desrespeito às margens disponíveis. Tais condutas fomentam o superendividamento do consumidor, que utiliza do crédito fornecido como complementação de sua renda. Verifica-se, na prática, uma oferta de crédito de forma irresponsável pela fornecedora, que não avalia a possibilidade de adimplemento do consumidor e não informa dos juros que estão sendo praticados.

No entanto, em que pese os princípios da dignidade da pessoa humana, da boa-fé objetiva e os direitos previstos no Código de Defesa do Consumidor, a legislação atual não tem se mostrado suficiente para proteger os consumidores superendividados. Hoje encontra-se em vigor o instituto da insolvência civil, que não se mostra adequado ao tratamento dos superendividados pois tal instituto é voltado mais para a satisfação dos credores do que de proteção do devedor.

Tanto é assim que na insolvência civil ocorre o vencimento antecipado de todas as dívidas do devedor, há arrecadação de todos os seus bens que sejam suscetíveis de penhora e, se realiza o concurso universal dos seus credores. Além disso, o devedor insolvente fica impedido de administrar os seus bens até a liquidação total das suas dívidas e somente consideram-se extintas todas as obrigações do devedor depois de decorrido o prazo de 5 anos, contados da data do encerramento do processo de insolvência, momento em que o devedor é reabilitado.

Diante de tais consequências, as ações judiciais que geralmente são propostas não aduzem o pedido de insolvência civil, limitando-se a discutir juros e cláusulas contratuais e buscar impedir descontos superiores a 30% nos empréstimos consignados. No entanto, tais ações não resolvem o problema do consumidor superendividado, não havendo hoje no Brasil uma lei específica para a regulamentação da questão. Com este fim, tramita o Projeto de Lei nº 283 de 2012 que visa alterar o Código de Defesa do Consumidor.

O projeto de lei adota uma nova postura: de prevenção e tratamento ao superendividamento. Para tanto, trata expressamente do acesso ao crédito responsável e à educação financeira do consumidor, evitando o comprometimento de seu mínimo existencial. O projeto ainda se preocupa em fortalecer os princípios da boa-fé, da função social do crédito ao consumidor e do respeito à dignidade da pessoa humana.

Uma das principais inovações abordadas pelo projeto é o processo de repactuação de dívidas, visando à realização de audiência conciliatória, com a presença de todos os credores e nela o consumidor apresentará proposta de plano de pagamento com prazo máximo de cinco anos, e de forma que os pagamentos preservem seu mínimo existencial.

No sentido de proteção ao superendividado e de efetividade das medidas propostas, o projeto prevê que o não comparecimento injustificado de qualquer credor à audiência de conciliação acarretará a suspensão da exigibilidade do débito e a interrupção dos encargos da mora. Obtido o acordo, a sentença judicial que o homologar descreverá o plano de pagamento da dívida, tendo eficácia de título executivo e força de coisa julgada.

Enquanto o projeto não entra em vigor, alguns órgãos têm buscado implementar soluções no que tange ao superendividamento. Nos estados do Rio Grande do Sul, São Paulo, Pernambuco, Rio de Janeiro e no Distrito Federal existem projetos em funcionamento para tratamento do consumidor superendividado. Nestes, os procedimentos são semelhantes e, em síntese, são instaurados a partir da iniciativa voluntária do consumidor, que geralmente preenche formulário com suas informações sociais e econômicas, além de dados relacionados às dívidas e respectivos credores.

Em seguida, é fornecido algum tipo de educação financeira ao consumidor endividado, através de cartilhas, cursos e/ou oficinas de participação obrigatória para avançar à etapa seguinte: a conciliação com os credores. Geralmente os credores são convidados para uma audiência conjunta de renegociação em que é realizada a tentativa de acordo, observando-se que deve ser preservado o mínimo existencial na elaboração do plano de pagamento.

Quanto ao conteúdo, a renegociação poderá consistir na readequação dos contratos à situação do superendividado. Assim, será possível o parcelamento das dívidas, concessão de moratória com alteração no vencimento da obrigação, redução dos encargos ou, perdão parcial ou total da dívida ou de encargos. Obtido o acordo, geralmente será homologado pelo Juiz de Direito coordenador do Projeto, constituindo título executivo judicial.

As medidas implementadas por estes órgãos em seus projetos de tratamento do consumidor superendividado assim como as medidas previstas no PL 283 de 2012 foram inspiradas nos procedimentos adotados em outros países, em especial França e Estados Unidos. Nestes, a regulamentação específica para o superendividamento vem sendo implementada e aperfeiçoada há anos através de dois modelos principais: plano de pagamento e a política do *fresh start*, respectivamente.

Inicialmente havia uma separação nítida entre os modelos. No *fresh start,* o superendividamento é visto como uma falha de mercado que deve ser absorvida, portanto, se incentiva o perdão das dívidas. Já nos planos de pagamento, a ideia é que o superendividamento é uma falha pessoal dos devedores, que, assim, devem se submeter a um rígido plano para cumprir suas obrigações.

Mas a experiência prática demonstrou a necessidade de adaptação dos modelos, aproximando-os. Hoje os procedimentos adotados em ambos os países adotam, em intensidades diferentes, as duas políticas. Ressalte-se que em ambos há uma fase extrajudicial em que se busca a conciliação e implementação de um plano de pagamento. Dadas as peculiaridades de cada caso, é possível, em ambos os sistemas, o perdão integral da dívida, demonstrando a necessidade de reinserir aquele consumidor no mercado e na sociedade.

Deste modo, fica evidenciada que a questão do superendividamento é complexa tanto em sua origem quanto em sua solução. Não há como encarar a questão de modo simplista, como um mero descontrole do consumidor que o levou a se endividar. Há uma necessidade social e econômica no consumo, associada ao fomento do crédito e endividamento através de condutas nem sempre leais das fornecedoras de crédito.

A desigualdade na relação consumidor-fornecedor demanda proteção específica neste campo, amenizando as consequências do superendividamento. Assim, sob uma perspectiva de proteção, deve se buscar realizar o adimplemento e proteger a dignidade, reinserindo o superendividado não só no mercado de consumo como também na sociedade, ainda que para tanto seja necessário o perdão dos débitos, como se mostra na exitosa experiência estrangeira.

Referências bibliográficas

ALEXY, Robert. **Teoría de los derechos fundamentales**. 2. ed. Madrid: Centro de Estudios Politicos y Constitucionales, 2008.

ANDRADE, Vieira de. **Os Direitos Fundamentais do Século XXI** [*on line*]. Disponível na internet via WWW. URL:<http://georgemlima.xpg.uol.com.br/andrade.pdf>. Última atualização em 07 de julho de 2015.

BATTELLO, Silvio Javier. A (in)justiça dos endividados brasileiros: uma análise evolutiva. In: MARQUES, Cláudia Lima; CAVALLAZZI, Rosângela Lunardelli. (Coord.) **Direitos do Consumidor endividado: superendividamento e crédito.** São Paulo: Editora Revista dos Tribunais, 2014.

BAUMAN, Zygmunt. **Vida para consumo: a transformação das pessoas em mercadorias.** Tradução Carlos Alberto Medeiros. Rio de Janeiro: Jorge Zahar editora, 2008.

BERTONOCELLO, Káren Rick Danielevicz. **Superendividamento do consumidor: mínimo existencial: casos concretos.** São Paulo: Editora Revista dos Tribunais, 2015.

CAMARA, Alexandre Freitas. **Lições de Direito Processual Civil**. Volume II. 13 Ed. Rio de Janeiro: Lumen Juris, 2006

CAVALLI, Cássio. FERREIRA, Rafael. Matriz de equivalentes funcionais da falência pessoal no direito brasileiro. In: PORTO, Antonio José Maristrello. CAVALLI, Cássio. LUKIC, Melina de Souza Rocha; SAMPAIO, Patrícia Regina Pinheiro. (Org). **Superendividamento no Brasil**. Curitiba: Juruá, 2015.

CNC – Confederação Nacional do Comércio. **Pesquisa Nacional de Endividamento e Inadimplência do Consumidor (Peic)**. 2019 [*on line*]. Disponível na internet via WWW. URL:<http://www.sistemafecomercio-rj.org.br/central-do-conhecimento/pesquisas/economia/pesquisa-de-endividamento-e-inadimplencia-do-consumido-14>. Acesso em 11 de junho de 2019.

COSTA, Geraldo de Faria Martins da. **Superendividamento: a proteção do consumidor de crédito em direito comparado brasileiro e francês**. São Paulo: Editora Revista dos Tribunais, 2002.

DUQUE, Bruna Lyra; PEDRA, Adriano Sant´Ana. Os deveres fundamentais e a solidariedade nas relações privadas. **Revista de Direitos Fundamentais e Democracia.** Curitiba, v. 14, n. 14, p. 147-161, jul./dez. 2013.

FRANÇA. Code de la consommation. [on line]. Disponível na internet via WWW. URL:<https://www.legifrance.gouv.fr/affichCode.do;jsessionid=BC55A240A49FC79D71F39AEDB378FAB6.tpdila11v_1?cidTexte=L

EGITEXT000006069565&dateTexte=20170221> Acesso em 29/05/2019.

FREITAS, Augusto Teixeira de. **Consolidação das leis civis**. Ed fac-sim. - Brasília: Senado Federal, Conselho Editorial, 2003.

FROMM, Erich. **Ter ou ser?** Tradução Nathanael C. Caixeiro. 4ª Ed. Rio de Janeiro: Zahar Editores., 1982.

GOMES, Orlando. **Contratos**. Rio de Janeiro: Forense, 1991.

GUTTMANN, Robert. PLIHON, Dominique. **O endividamento do consumidor no cerne do capitalismo conduzido pelas finanças.** http://www.scielo.br/scielo.php?script=sci_arttext&pid=S0104-06182008000400004 acesso em 29/05/2019

LIMA, Clarissa Costa de. **O tratamento do superendividamento e o direito de recomeçar dos consumidores.** São Paulo: Editora Revista dos Tribunais, 2014.

LIPOVESTSKY, Gilles. **A felicidade paradoxal: ensaio sobre a sociedade de hiperconsumo.** Tradução Maria Lúcia Machado. São Paulo: companhia das Letras, 2007.

LOPES, Carla Patrícia Frade Nogueira. Direitos do credor e dignidade do devedor: o problema da ponderação de interesses. Anatomia de um caso. In: ANDRIGHI, Fátima Nancy (Coord.). **Responsabilidade Civil e inadimplemento no direito brasileiro.** São Paulo: Atlas, 2014.

LUHMAN, Niklas. **Sociologia do Direito I**. Tradução: Gustavo Bayer. Rio de Janeiro: Tempo Brasileiro, 1983.

______. **Sociologia do Direito II**. Tradução: Gustavo Bayer. Rio de Janeiro: Tempo Brasileiro, 1983.

MARQUES, Cláudia Lima. **Contratos no Código de Defesa do Consumidor**: o novo regime das relações contratuais. 6. ed. São Paulo: Editora Revista dos Tribunais, 2011.

MARQUES, Cláudia Lima; BENJAMIN; Antônio Herman V.; MIRAGEM; Bruno. **Comentários ao Código de Defesa do Consumidor:** arts. 1º a 74: Aspectos Materiais. São Paulo: Editora Revista dos Tribunais, 2003.

MARQUES, Cláudia Lima; CAVALLAZZI, Rosângela Lunardelli. **Direitos do Consumidor Endividado**: Superendividamento e Crédito. São Paulo: Editora Revista dos Tribunais, 2006.

MARQUES, Claudia Lima; LIMA, Clarissa Costa; BERTONCELLO, Káren. **Prevenção e tratamento do superendividamento.** Brasília: DPDC/SDE, 2010.

MARX, Karl. **O capital: crítica da economia política volume I livro primeiro - o processo de produção do capital.** Tomo 1. Tradução de Regis Barbosa e Flávio R. Kothe São Paulo: Editora Nova Cultural Ltda, 1996.

NEGREIROS, Teresa. A Dicotomia Público-Privado frente ao Problema da Colisão de Princípios. In: TORRES, Ricardo Lobo (Org.). **Teoria dos Direitos Fundamentais**. 2. ed. Rio de Janeiro: Renovar, 2001.

NEVES, Daniel Amorim Assumpção. **Manual de direito processual civil**. 8ed. Salvador: Juspodivum, 2016.

NUNES, Rizzato. **Comentários ao Código de Defesa do Consumidor**. 8 ed. São Paulo: Saraiva, 2015.

PEREIRA, Jane Reis Gonçalves. Apontamentos sobre a aplicação das normas de direito fundamental nas relações jurídicas entre particulares. In: BARROSO, Luís Roberto (Org.). **A Nova Interpretação Constitucional**: Ponderação, Direitos Fundamentais e Relações Privadas. 3. ed. Rio de Janeiro: Renovar, 2008.

PORTO, Antonio José Maristrello. BUTELLI, Pedro Henrique. O superendividado brasileiro: uma análise introdutória e uma nova base de dados. In: PORTO, Antonio José Maristrello. CAVALLI, Cássio. LUKIC, Melina de Souza Rocha; SAMPAIO, Patrícia Regina Pinheiro. (Org). **Superendividamento no Brasil**. Curitiba: Juruá, 2015.

PORTO, Antonio José Maristrello. SAMPAIO, Patrícia Regina Pinheiro. Uma visão regulatória da prevenção e tratamento do superendividamento no Brasil. In: PORTO, Antonio José Maristrello. CAVALLI, Cássio. LUKIC, Melina de Souza Rocha;

SAMPAIO, Patrícia Regina Pinheiro. (Org). **Superendividamento no Brasil**. Curitiba: Juruá, 2015.

PORTUGAL. DL n.º 53/2004, de 18 de Março DE 2004. CÓDIGO DA INSOLVÊNCIA E DA RECUPERAÇÃO DE EMPRESAS. [on line]. Disponível na internet via WWW. URL: <http://www.pgdlisboa.pt/leis/lei_mostra_articulado.php?nid=85&t abela=leis&so_miolo=> Acesso em 29/05/2019.

TONELLI, Helio; ALVAREZ, Cristiano Estevez; BERTOLUCCI, Cristina and ROSA, Dayane Diomario. **Comprar compulsivo: revisão sistemática das opções terapêuticas**. Rev. psiquiatr. Rio Gd. Sul [online]. 2008, vol.30, n.1, [*on line*] Disponível na internet via WWW. URL:<http://www.scielo.br/scielo.php?script=sci_arttext&pid=S01 01-81082008000200009> Acesso em 05 de junho de 2019.

SAMPAIO, Marília de Ávila e Silva. A garantia dos direitos de personalidade, a proteção do devedor superendividado no Brasil e a proposta de alteração do CDC. In: ANDRIGHI, Fátima Nancy (Coord.). **Responsabilidade Civil e inadimplemento no direito brasileiro**. São Paulo: Atlas, 2014.

SARLET, Ingo Wolfgang. Notas sobre a Dignidade da Pessoa na Jurisprudência do Supremo Tribunal Federal. In: SARMENTO, Daniel; SARLET, Ingo Wolfgang. (Coord.). **Direitos Fundamentais no Supremo Tribunal Federal**: balanço e críticas. Rio de Janeiro: Lumen Iuris, 2011.

SARMENTO, Daniel. A Vinculação dos Particulares aos Direitos Fundamentais no Direito Comparado e no Brasil. In: BARROSO, Luís Roberto (Org.). **A Nova Interpretação Constitucional**: Ponderação, Direitos Fundamentais e Relações Privadas. 3. ed. Rio de Janeiro: Renovar, 2008.

SARMENTO, Daniel. **Direitos Fundamentais e Relações Privadas**. Rio de Janeiro: Lumen Iuris, 2004.

SCHIMIDT NETO, André Perin. Superendividamento do consumidor: conceito, pressupostos e classificação. **Revista da SJRJ**, nº 26 p.167-184. Rio de Janeiro, 2009.

SCHIMIDT NETO, André Perin. **Revisão dos contratos com base no superendividamento: do Código de Defesa do Consumidor ao Código Civil.** Curitiba: Juruá, 2012.

TARTUCE, Flávio. NEVES, Daniel Amorim Assumpção. **Manual de direito do consumidor**: direito material e processual. 3. ed. São Paulo: Método, 2014.

SILVA, Virgílio Afonso da. Direitos fundamentais e relações entre particulares. **Revista Direito GV** v. 1 n. 1 p. 173 – 180. maio 2005.